网商创业教学企业项目化教学系列教材

网店美工实战

（第二版）

主　编⊙谢文创　副主编⊙陈　丹

清华大学出版社
北　京

内 容 简 介

本书以网店美工岗位的技能培养为导向，以图像美术实战项目为教学载体，以期明显提升相关学习者的学习效果和就业能力。同时，作为切近当今网络商业发展需求的教材，本书内容的系统化和高度实用化特点，对在职人员的技能提升也有相当的助益。

本书分为导论、基于DACUM职业技能培训和基于BAG职业行动能力教育三篇。其中，基于DACUM职业技能培训篇的内容包括网店基础图像处理、网店美工设计基础实战、网店版面设计与制作及网店产品拍摄与后期综合处理，共四个项目。基于BAG职业行动能力教育篇的内容包括网店包包产品图片拍摄与后期处理、网店服装产品图片拍摄与后期处理及威丝曼天猫店“双十一”横幅海报设计，共三个项目。

本书图文并茂，操作步骤清晰，针对性强，适合作为高职、中职、本科学生的学习用书，也可作为网商创业人员，以及网店美工培训机构的参考书。相关课程，如“网店美工”“网站图像处理”“图形图像处理”“图形图像编辑”等，教学上均可使用本书。

图书在版编目（CIP）数据

网店美工实战/谢文创主编. —2版. —北京：清华大学出版社，2019（2021.9重印）
网商创业教学企业项目化教学系列教材
ISBN 978-7-302-53278-1

Ⅰ. ①网… Ⅱ. ①谢… Ⅲ. ①网店-设计-教材 Ⅳ. ①F713.361.2

中国版本图书馆CIP数据核字（2019）第138233号

责任编辑：杜春杰
封面设计：刘 超
版式设计：魏 远
责任校对：马子杰
责任印制：宋 林

出版发行：清华大学出版社
网 址：http://www.tup.com.cn，http://www.wqbook.com
地 址：北京清华大学学研大厦A座 **邮 编：**100084
社 总 机：010-62770175 **邮 购：**010-62786544
投稿与读者服务：010-62776969，c-service@tup.tsinghua.edu.cn
质量反馈：010-62772015，zhiliang@tup.tsinghua.edu.cn
印 装 者：小森印刷（北京）有限公司
经 销：全国新华书店
开 本：185mm×260mm **印 张：**14.5 **字 数：**317千字
版 次：2015年8月第1版 2019年8月第2版 **印 次：**2021年9月第3次印刷
定 价：58.00元

产品编号：079496-01

第二版前言

2018年，为了满足课程建设和网店美工人才培养所需，在总结相关教研经验的基础上，我主编了《网店美工实战（第二版）》一书，旨在培养和强化网店美工助理的美术技能。

本书的主要特色如下。

1．本书主编谢文创，网店美工实战经验丰富，教学优秀，曾连续六年获得广东科学技术职业学院"学生最满意课程"奖。

2．本书以典型项目和任务操作为载体，按照分段递进式教学的要求编写。

3．本书以实战任务为主，相关理论为辅，理实一体化。

4．本书任务操作步骤非常清晰，易学易懂。

5．本书以学生为本。每一个项目除了有多个操作任务之外，还配套多个相关拓展任务和素材，有利于提高学生独立设计创意能力。

6．本书每一个任务都配有原素材，方便教师教学和学生学习。

7．本书基于 Photoshop CC 2017 软件编写，版本较新。

8．本书全彩印刷，图文清晰。

本书的内容由校企专家合作编写完成。其中，"导论　网店美工实战学习领域认知"，由谢文创、陈丹、谭菲、朱立伟、祝君红等人完成。而在"第二篇　基于 DACUM 职业技能培训"中，"项目二、网店基础图像处理"，由谢文创、谭菲、谢柔羽、谢泽杭、文静、陈创杰、夏梓祺等人完成；"项目三、网店美工设计基础实战"，由谢文创、陈丹、李娟华、乔红娟等人完成；"项目四、网店版面设计与制作"，由谢文创、朱荣、闵文婷、陈创杰、吴康等人完成；"项目五、网店产品拍摄与后期综合处理"，由谢文创、朱荣、谭菲、陈振雲、谢梓跃等人完成。"第三篇　基于 BAG 职业行动能力教育"，由陈丹、谢文毫等人完成。

本书的编写得到珠海威丝曼服饰股份有限公司、大师网店美工、太古商业摄影机构、左上电商、邂逅简旗舰店等企业和机构的支持，在此谨表感谢。

特别感谢严中华教授的指导和帮助，以及各位参编专家的不懈努力和付出。

谢文创

2019年1月于珠海

第一版前言

从2005年开始，由我主讲的“网站图像处理”课程，以网店美工岗位的技能培养为目标，以典型项目和任务操作为载体，以分段式递进教学为方式，得到了很多学生的欢迎和肯定。2010—2014年，此课程连续五年被广东科学技术职业学院评为“学生最满意课程”。

2013年初，为了满足课程建设和网店美工人才培养需要，在总结相关教研经验的基础上，我主编了此册《网店美工实战》教材，旨在培养和强化网店美工的美术技能，在电子商务快速发展的今天，这也是相关职业技术教学与市场需要积极对接的一个尝试。

广东科学技术职业学院经济管理学院院长严中华教授非常重视本教材的编写，并以严谨的学术视角致力促进，多次组织校企专家进行研讨，明确了该教材的定位和内容构架。

本书的内容由校企专家合作编写完成。其中，“第一篇　导论”中，“项目一　网店美工实战学习领域认知”，由谢文创、谭菲、朱立伟、祝君红等人完成。“第二篇　基于DACUM职业技能培训”中，“项目二　网店基础图像处理”由谢文创、谭菲、文静、陈创杰、谢梓跃等人完成；“项目三　网店美工设计基础实战”由谢文创、陈丹、乔红娟等人完成；“项目四　网店版面设计与制作”由谢文创、朱荣、夏梓祺、陈创杰、吴康等人完成；“项目五　网店产品拍摄与后期综合处理”由谢文创、朱荣、陈振雲、谭菲、文静等人完成。“第三篇　基于BAG职业行动能力教育”则由陈丹、谢文毫等人完成。

本书的编写得到了珠海威丝曼服饰股份有限公司、大师网店美工、旭美广告、太古商业摄影机构、翼淘美工、邂逅简旗舰店等企业和机构的支持，在此谨表感谢。

特别感谢严中华教授的指导和帮助，以及各位参编专家的不懈努力和付出。

谢文创

2015年5月于珠海

目录

第一篇　导　　论

第二篇　基于 DACUM 职业技能培训

第一篇 导 论

本篇介绍了网店美工实战学习领域的设计理念、具体目标和学习情境设计，并明确了网店美工岗位的能力目标和主要工作职责，主要内容包括：

一、网店美工实战学习领域设计理念

二、网店美工实战学习领域的具体目标

三、网店美工实战学习领域的学习情境开发

四、网店美工实战学习领域的具体工作描述

五、网店美工实战学习领域的教学实施与监控

项目一

网店美工实战学习领域认知

通过完成本项目任务，重点学习网店美工实战学习领域设计理念、具体目标、学习情境开发、具体工作描述以及该领域的教学实施与监控。

一、网店美工实战学习领域设计理念

“网店美工实战”是电子商务专业的核心课程之一，建议教学的总学时为 112 学时，分两学期进行，课程安排在大一第二学期和大二第一学期。

在课程设计理念上，本课程力求以“校企双主体”为切入点，以培养学生网店美工职业及创业能力为核心，以典型工作任务的讲解和实践为主要手段，进行课程设计并开展教学。

二、网店美工实战学习领域的具体目标

“网店美工实战”课程能力培养目标是：培养学生的网店产品图像处理能力；培养学生的网店广告设计与制作能力；培养学生装修网店的能力。

三、网店美工实战学习领域的学习情境开发

“网店美工实战”学习领域内容的组织方式是：以项目和任务为载体，分段式递进教学。

根据学生的知识层次和认识规律，本书共设计了以下 7 个学习情境：

（1）网店基础图像处理。

（2）网店美工设计基础实战。

（3）网店版面设计与制作。

（4）网店产品拍摄与后期综合处理。

（5）网店包包产品图片拍摄与后期处理。

（6）网店服装产品图片拍摄与后期处理。

（7）威丝曼天猫店“双十一”横幅海报设计。

根据这 7 个学习情境，可以将这门课程的学习时间分为两个阶段，第一阶段安排 4 个项目，在实训室进行；第二阶段安排 3 个项目，在相关企业进行。项目之间环环相扣，互相促进。每个项目又分出几个关键任务，均由仿真任务和真实任务相结合。各个学习情境的具体课时安排如表 1-1 所示。

表 1-1　网店美工实战学习情境及课时安排

网店美工实战	基于 DACUM 职业技能培训（72 学时，在实训室进行）				基于 BAG 职业行动能力教育（40 学时，在相关企业进行）		
学习领域	学习情境 1	学习情境 2	学习情境 3	学习情境 4	学习情境 5	学习情境 6	学习情境 7
	网店基础图像处理	网店美工设计基础实战	网店版面设计与制作	网店产品拍摄与后期综合处理	网店包包产品图片拍摄与后期处理	网店服装产品图片拍摄与后期处理	威丝曼天猫店“双十一”横幅海报设计
	15 学时	17 学时	20 学时	20 学时	11 学时	20 学时	9 学时
	总学时：112　载体：任务（项目）						

四、网店美工实战学习领域的具体工作描述

关于网店美工实战学习领域的具体工作描述，如表 1-2 所示。

表 1-2　网店美工实战学习领域的具体工作描述

<table>
<tr><td colspan="2">课程名称：网店美工实战　　　　　　　　基本学时：112</td></tr>
<tr><td colspan="2">职业描述（岗位）：网店美工助理（初级网店美工），负责网店产品图像的修补和美化；负责网店图片的拍摄与后期处理；负责网店广告图的设计与制作；负责网店形象展示图和细节图的设计与制作；负责网店的 VI 设计与印刷；负责工作反馈并协助部门完成其他工作</td></tr>
<tr><td colspan="2">能力描述（技能、知识）：
能力目标
1．能够修补和美化网店产品图像
2．能够设计与制作网店广告版面
3．能够初步装修网店
知识目标
1．掌握 Photoshop CC 2017 的各种图像处理技巧和方法
2．掌握网店版面编排设计的技巧和方法
3．掌握网店装修的技巧和方法</td></tr>
<tr><td colspan="2">课程内容：
1．网店基础图像处理
2．网店美工设计基础实战
3．网店版面设计与制作
4．网店产品图像拍摄与后期综合处理
5．真实项目实战</td></tr>
<tr><td>工作对象</td><td>天猫 / 淘宝网店</td></tr>
<tr><td>工作工具</td><td>Photoshop CC 2017</td></tr>
<tr><td>工作方法</td><td>六步法：（1）获取信息；（2）计划；（3）决策；（4）实施；（5）检测；（6）反馈</td></tr>
<tr><td>组织形式</td><td>独立和分组，一班分为 8 组，每组 8 人（包括组长 名在内）</td></tr>
<tr><td>工作要求</td><td>职责一：网店产品图像的修补和美化
1．负责网店产品图像修补和美化
2．负责网店产品图像归类存储
3．负责网店产品图像上架
职责二：网店图片的拍摄与后期处理
1．根据不同商品选择不同的布局、环境，对商品实物图进行拍摄
2．利用稳定性强的相册对拍摄的图片进行存储管理，并做好相应的备份措施
3．根据需要对商品图片进行必要的美化或特效制作（如统一“促销”“新品上架”“清仓特卖”等的字体）
职责三：网店广告图的设计与制作
1．负责网店店内推广活动的宣传海报的设计
2．负责网店店外各种推广活动的宣传海报的设计</td></tr>
</table>

续表

工作要求	职责四：网店形象展示图和细节图的设计与制作 1．负责网店形象展示图设计与制作 2．负责网店细节图设计与制作 职责五：网店的 VI 设计与印刷 1．负责网店对外推广的标识设计 2．对网店名片、传单、会员 VIP 卡等宣传性印刷品进行设计和制作跟踪 职责六：工作反馈与协助部门完成其他工作 1．每星期向部门主管以文档的形式汇报 2．将提前做好的设计方案提交部门主管审核 3．根据网店最新需要与发展，部门主管会下发一些协助性的工作任务，应积极配合、完成

五、网店美工实战学习领域的教学实施与监控

教师不但是课程的设计者，也是教学的执行者，每一个细节都关系到此类教学的成败，只有付出汗水与智慧，才有可喜收获。

1．针对第一节课

每学期开学的第一节课上，任课教师应把本门课程的具体规划用 PPT 演示，上课前用 10 分钟时间介绍相关的课程设计和具体实施计划，展示往届学生的优秀作品，有效激励学生，让学生对课程学习充满憧憬。

2．针对每一个任务

每一个任务实施前，任课教师要提供具体要求的 PPT 和相关参考资料。学生在完成每一个任务前，一般采用以下流程：教师对任务进行操作和讲解（边操作边讲解，用时约 20 分钟），学生独立完成任务，用时约 120 分钟。在落实实时教学互动和良好激励的同时，任课教师也要注意把教学变成学生增进自信的过程，突出“以学生为主，教师为辅，强化学生的创业职业能力”的授课新理念。

3．针对每一个阶段

对于教师来说，学生的各个学习阶段都很重要。在学生的每一个学习阶段，任课教师均要对某些任务予以重点点评，并表扬部分学生，对个别存在不足的学生，也应及时提出改进意见。此外，在每个阶段的教学之后，还要进行归纳和总结，找出相关规律，以不断深化学生的学习内涵，提高学生的实际操作能力。

4．针对每一个学生

对于教师来说，公平对待每一个学生非常重要。任课教师对每一个学生都应严格要求，并不定时亲自点名，表扬出勤好的学生，登记旷课的学生名单，对教育后仍不改进的学生，则在期末评以较低的表现分。不论何种情况，任课教师都要爱护每一个学生，爱是最好的教育，也是良好教学的大前提。

5. 合理地加以评估和考核

每一个学习阶段，任课教师都要从考勤、课间学习态度、任务完成情况、对老师的态度等方面，评估学生的学习情况，尤其是教学中学生的接受能力，如发现大部分学生在接受和理解知识方面有问题，就必须放慢教学进度，和学生一起重点攻克难点问题，这样一来，学习进度慢的学生也能赶上，便会更加努力学习。

本课程的考核分数构成为学生自评 20%+ 学生互评 20%+ 指导教师评价 60%。

第二篇 基于 DACUM 职业技能培训

本篇以网店美工技能培养为导向，设计学习项目，主要内容包括：

项目二　网店基础图像处理

项目三　网店美工设计基础实战

项目四　网店版面设计与制作

项目五　网店产品拍摄与后期综合处理

项目二

网店基础图像处理

通过完成本项目任务，重点学习 Photoshop CC 2017 软件，培养网店图像处理的基础技能。本项目主要任务包括修图、选区制作、抠图、图像色彩的校正、图像背景制作、图像裁切、图像合层、各种特效滤镜的使用、特效字的制作、图像输出与优化等。

任务一　标 志 制 作

【学习目标】

学会运用钢笔工具、渐变工具。最终效果如图 2-1 所示。

（标志设计者：谢文创）

图 2-1

【制作步骤】

STEP1　制作圆球。

1. 选择“文件”/“打开”命令，打开“标志 .jpg”素材图片。温馨提示：放大画布（按住 Ctrl+ 空白键 + 单击鼠标左键），缩小画布（按住 Alt+ 空白键 + 单击鼠标左键），移动画布（按住空白键 + 按住并拖动鼠标左键）。

2. 新建“图层 1”，按住 Shift 键，用椭圆选框工具建立正圆选区。

3. 选择渐变工具，在工具属性栏中，单击图 2-2 中箭头所指位置，打开渐变编辑器，单击色带下面边缘，添加色点并调整色彩，如图 2-3 所示。

图 2-2

图 2-3

4. 在选区内由上到下斜拉，制作圆球，如图 2-4 所示。

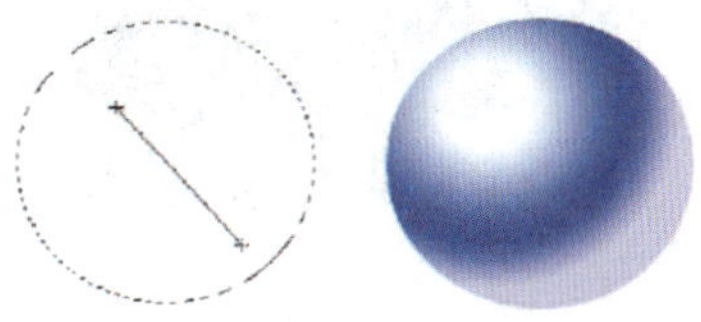

图 2-4

5．选择矩形选框工具，单击鼠标，删除选区。

6．选择“文件”/“存储”命令，保存图形。

STEP2　制作路径。

1．选择钢笔工具，设定属性栏，如图 2-5 所示。

图 2-5

2．制作路径，进行以下操作，效果如图 2-6 所示。

（1）在第 1 个定位点上单击。

（2）在第 2 个定位点上单击。

（3）在第 3 个定位点上单击。

（4）在第 4 个定位点上单击并拖动鼠标。

（5）在第 5 个定位点上单击并拖动鼠标。

（6）在第 6 个定位点上单击并拖动鼠标。

按住 Alt 键单击节点，一段控制杆将不显示。

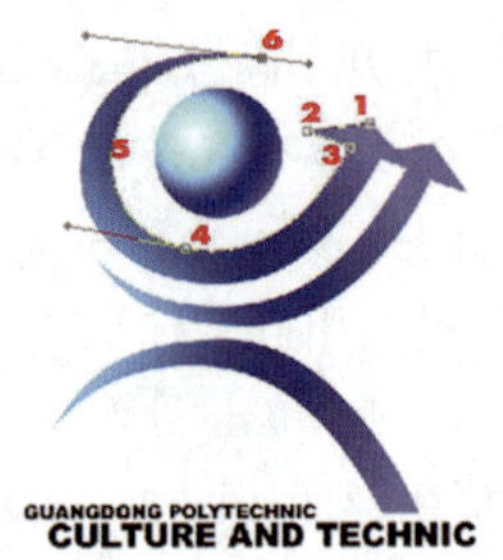

图 2-6

3．按照以上步骤，最后封闭路径（注意：按住 Ctrl 键可移动节点位置，也可拖动控制杆调节弧度）。

4．打开“路径”面板，单击右上角的小三角形按钮，如图 2-7 所示，在弹出的菜单中选择“存储路径”命令。

图 2-7

5．单击“路径”面板下方的“将路径作为选区载入”按钮，建立选区，如图 2-8 所示。

图 2-8

6．新建“图层 2”，选择渐变工具，设定前景色和背景色，在选区内单击并向外拖动鼠标制作渐变效果。

7．选择“文件”/“存储”命令，存储 PSD 格式文件。

8．单击“图层”面板右上角的小三角形按钮，在弹出的菜单中选择“拼合图像”命令，再选择“文件”/“存储为”命令，选择 JPEG 格式，设定品质为 12。

任务二　裤子图像处理

【学习目标】

1．学会运用选区复制图像。

2．学会运用缩放工具拉长腿部，最终效果如图 2-9 所示。

图 2-9

【制作步骤】

STEP1 选择“文件”/“打开”命令，打开 la1 素材图片。

STEP2 选择“图像”/“画布大小”命令，在弹出的“画布大小”对话框中设置高度为 2800 像素，单击“定位”选项中的“↓”按钮，如图 2-10 所示。

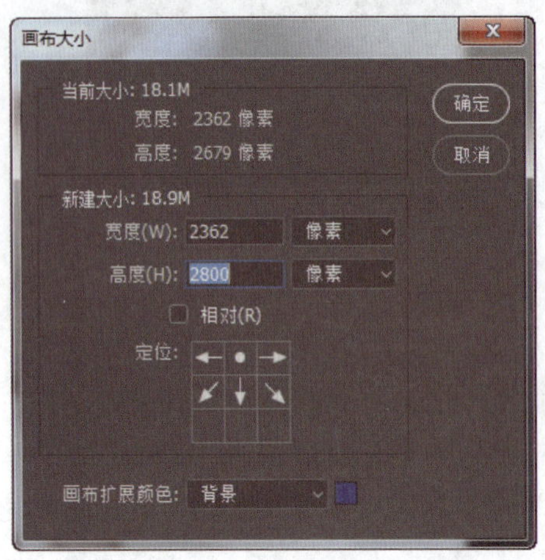

图 2-10

STEP3 选择矩形选框工具，在大腿下方建立一个选区，如图 2-11 所示。

图 2-11

STEP4 按 Ctrl+C 和 Ctrl+V 快捷键，复制图层，产生“图层 1”。

STEP5 选择“编辑”/“变换”/“缩放”命令，向下拖动缩放框下方中间节点，将其放在画布底边中间，双击确定，如图 2-12 所示。

图 2-12

STEP6　选择“文件”/“存储”命令，自动存储为 PSD 格式文件。

STEP7　单击“图层”面板右上角的小三角形按钮，在弹出的菜单中选择“拼合图像”命令，再选择“文件”/“存储为”命令，选择 JPEG 格式，设定品质为 12，图片最终效果如图 2-13 所示。

图 2-13

【总结和启示】

1. 拉长腿部，能让模特身材变得更加苗条，让裤子穿着起来显得更为美观。

2．红色手包、皮带、白色上衣、米黄色高跟鞋与裤子搭配，能够增加时尚感。

3．白色木地板能够突出并增加时尚感，营造韩式风格。

4．色彩运用同类色对比，大面积的浅灰黄色背景和棕色裤子形成和谐的对比，塑造舒适、时尚的产品形象；以浅灰黄为主色调，更具现代时尚感，突出演绎韩式风格之美。

任务三　人物面部斑点处理

【学习目标】

学会运用仿制图章工具。图片处理前后的效果对比如图 2-14 所示。

处理前图片

处理后图片

（摄影师：谢文创　模特：谢树丹）

图 2-14

【制作步骤】

STEP1　选择“文件”/“打开”命令，打开一幅需要修复的图片。

STEP2　选择工具箱中的仿制图章工具，从选项栏中的“画笔预设”栏中选择画笔，设定画笔大小（应该比需要删除的斑点稍大一些），并设定硬度为 0。

STEP3　按住 Alt 键的同时，用鼠标在斑点周围的皮肤上单击确定取样点，如图 2-15 所示。

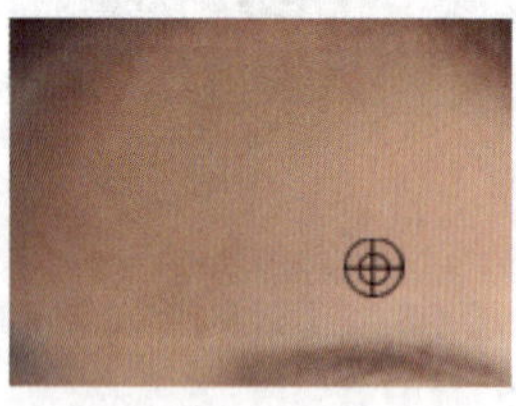

图 2-15

STEP4　松开 Alt 键及鼠标，将鼠标指针移动到有斑点的位置单击一次，即可把斑点消除，如图 2-16 所示。

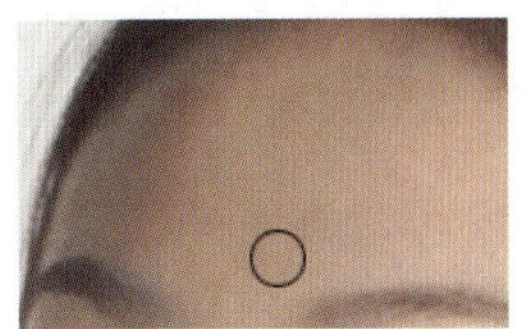

图 2-16

任务四　人物牙齿美白处理

【学习目标】

学会运用选取工具。图片处理前后的效果对比如图 2-17 所示。

处理前图片

处理后图片

（摄影师：谢文创　模特：谢树丹）

图 2-17

【制作步骤】

STEP1　选择“文件”/“打开”命令，打开一幅素材图片。

STEP2　选择工具箱中的魔棒工具，单击“添加到选区”按钮，设定“容差”为 15，如图 2-18 所示，将照片中的牙齿部分选中，如图 2-19 所示。

图 2-18

图 2-19

STEP3　选择“选择”/“羽化”命令，在弹出的“羽化选区”对话框中设置“取样半径”为 1 像素，单击“好”按钮，羽化选区。

STEP4　单击“图层”面板下方的“创建新的填充或调整图层”按钮，在弹出的菜单中选择“色相/饱和度”命令，在弹出的“色相/饱和度”对话框的“编辑”下拉列表框中选择“黄色”，表示对图像中的黄色进行编辑，将其饱和度设置为 -100，单击“好”按钮，这样会使牙齿看上去更洁白。

STEP5　在“色相/饱和度”对话框中设置“明度”为 +40，增加明度与亮度。单击“好”按钮，完成本实例的制作。

任务五　人物染发效果处理

【学习目标】

1．学会运用曲线和色彩平衡调整图像。
2．学会运用图层蒙版。最终效果如图 2-20 所示。

（摄影师：谢文创　模特：欧阳丽欣）

图 2-20

【制作步骤】

STEP1　选择“文件”/“打开”命令，打开 DSC_0559 素材图片。

STEP2　单击“图层”面板下方的“创建新的填充或调整图层”按钮，在弹出的菜单中选择“曲线”命令，调整曲线，如图 2-21 所示。

图 2-21

STEP3　使用画笔工具还原背景色彩。

1．选择工具箱中的画笔工具，设定画笔大小为 152 像素，硬度为 0%（画笔大小可按需要不断变换大小），如图 2-22 所示。

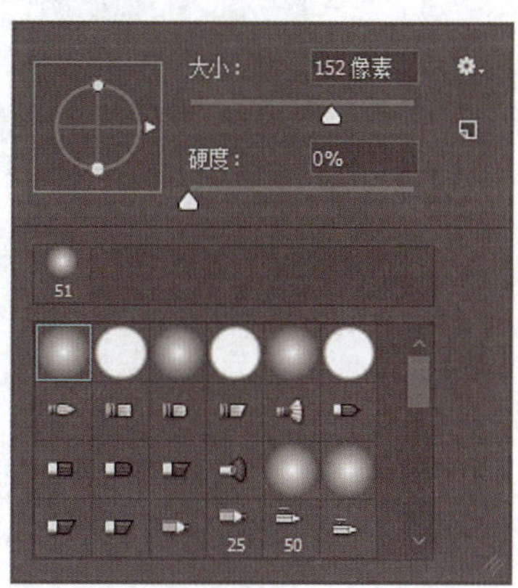

图 2-22

2．将前景色设置为黑色。

3．使用画笔工具在背景上绘图，还原背景的色彩（若处理失误，可将前景色设置为白色，使用画笔工具再进行绘图，还原原来的色彩），如图 2-23 所示。

图 2-23

STEP4 单击“图层”面板下方的“创建新的填充或调整图层”按钮，在弹出的菜单中选择“色彩平衡”命令，调整色彩平衡，如图 2-24 所示。

图 2-24

STEP5　继续使用画笔工具还原背景色彩。

1．选择工具箱中的画笔工具，设定画笔大小为152像素，硬度为0%，如图2-25所示。

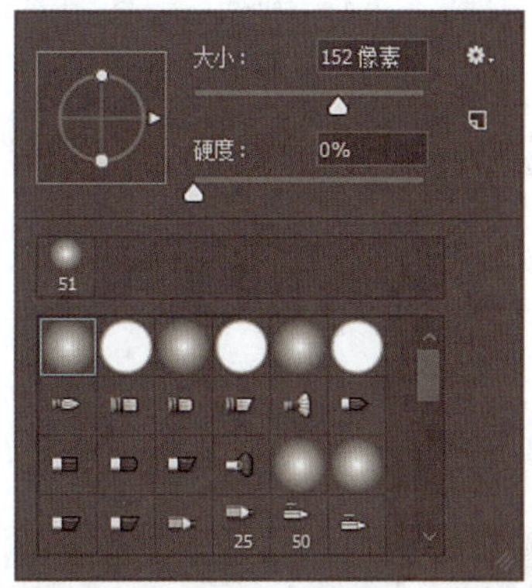

图2-25

2．将前景色设置为黑色。

3．使用画笔工具在背景上绘图，还原背景的色彩，如图2-26所示。

图2-26

STEP6　绘制完成后，在“图层”面板中把“色彩平衡1”图层的混合模式设置为“颜色”，这样会使头发看起来更自然，获得更好的效果。

【总结和启示】

1．发色的变化，能让模特更显青春靓丽，也让毛衫看起来更加时尚。

2．模特的特写图片能够拉近与消费者之间的距离，让消费者既感觉更加亲切，又能看清毛衫的细节。

3．调整图片背景，使背景模糊，主体清晰，富有艺术美。

任务六　衣物表面粗糙度处理

【学习目标】

1．学会运用高斯模糊。

2．学会运用图层蒙版处理。图片处理前后的效果对比如图 2-27 所示。

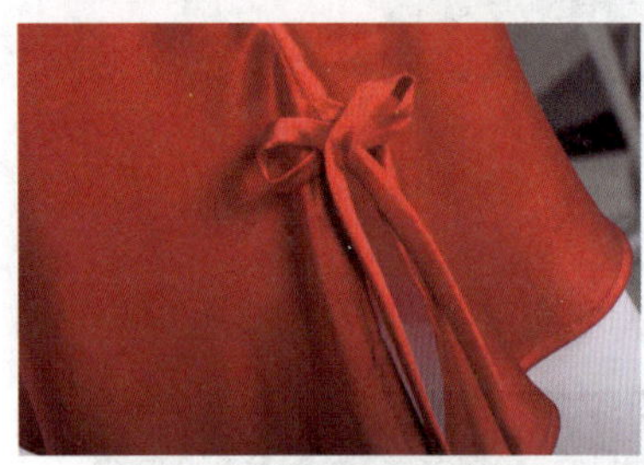

处理前图片

处理后图片

图 2-27

【制作步骤】

STEP1　选择“文件”/“打开”命令，打开目标素材图片。

STEP2　复制图层，并把新图层置于原图层上面。

STEP3　选择菜单栏中的“滤镜”/“模糊”/“高斯模糊”命令，在弹出的“高斯模糊”对话框中调整图片，如图 2-28 所示。

图 2-28

STEP4　单击“图层”面板中的“添加图层蒙版”按钮，如图 2-29 所示。

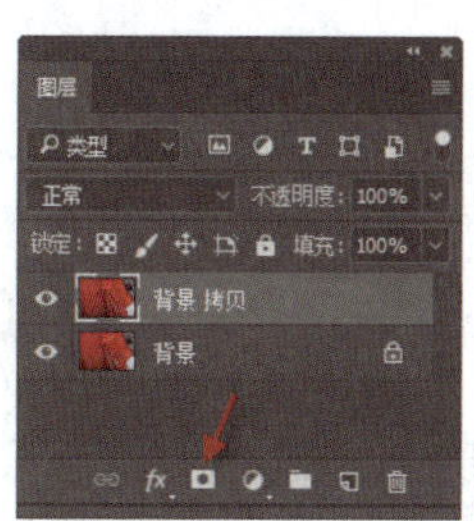

图 2-29

STEP5　使用画笔工具调整图片。

1. 选择画笔工具，设置画笔颜色为黑色，调整大小、不透明度、硬度等参数，如图 2-30 所示。

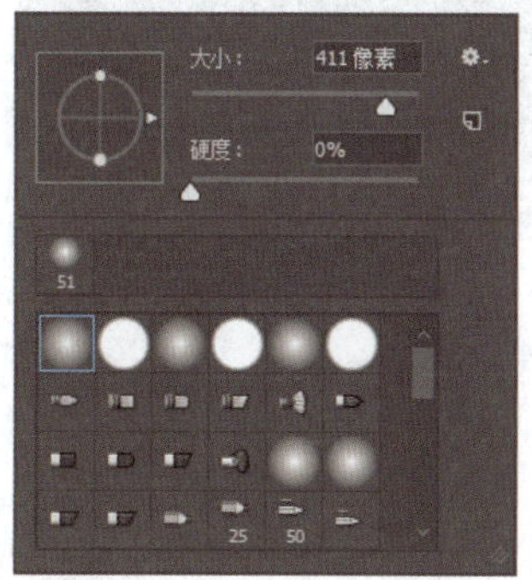

图 2-30

2. 在衣物的边缘、蝴蝶结等需要清晰显示的位置进行涂抹，使之清晰显示，如图 2-31 所示。

图 2-31

任务七　人物色彩调整

【学习目标】

学会运用色阶、可选颜色、曲线的变化对图像予以调整，最终效果如图 2-32 所示。

（摄影师：谢文创　模特：谭菲）

图 2-32

【制作步骤】

STEP1　选择“文件”/“打开”命令，打开目标素材图片。

STEP2　调整色阶。单击“图层”面板中的“创建新的填充或调整图层”按钮，在弹出的菜单中选择“色阶”命令，调整色阶，如图 2-33 所示。

STEP3　可选颜色调整。

1. 用魔棒工具选中人物脸部、手部、腿部位置。

2. 单击“图层”面板中的“创建新的填充或调整图层”按钮，在弹出的菜单中选择“可选颜色”命令，调整可选颜色，如图 2-34 所示。

图 2-33

图 2-34

STEP4　曲线调整。

1．用魔棒工具选中图片背景。

2．单击“图层”面板中的“创建新的填充或调整图层”按钮，在弹出的菜单中选择“曲线”命令，调整曲线，如图 2-35 所示。

图 2-35

STEP5 调整脸部颜色。

1．用魔棒工具选中人物脸部位置，再选中“选择”/“修改”/“羽化”，设定羽化半径 10 像素。

2．单击“图层”面板中的“创建新的填充或调整图层”按钮，在弹出的菜单中选择“可选颜色”命令，调整可选颜色，使模特脸部更加红润，如图 2-36 所示。

图 2-36

STEP6　添加文本。

1. 依次输入文本“29.9”“元”“全国包邮”。

2. 调整文本位置、颜色、字号等，旋转文本到合适的角度，并移动到理想位置，如图 2-37 所示。

3. 新建图层，建立选区并填充合适颜色，置于文本图层下面，完成文本的添加，如图 2-38 所示。

图 2-37

图 2-38

任务八　“购物新风尚”文字制作

【学习目标】

1. 学会使用钢笔工具制作路径。

2. 学会使用渐变工具填充色彩。最终效果如图 2-39 所示。

图 2-39

【制作流程】

1．制作路径。
2．调整路径。
3．填充文字色彩。
4．填充背景色彩。
5．添加文字投影。
6．添加高光。
7．存储文件。

【制作步骤】

STEP1　制作路径。

1．选择“文件”/“打开”命令，打开 222-4.jpg 图片。

2．选择钢笔工具，设定属性栏，如图 2-40 所示。

图 2-40

3．制作路径，进行以下操作，效果如图 2-41 所示。

（1）在第 1 个定位点上单击。

（2）在第 2 个定位点上单击（按住 Shift 键，可以画出水平路径）。

（3）在第 3 个定位点上单击。

（4）在第 4 个定位点上单击并拖动鼠标。

（5）在第 5 个定位点上单击并拖动鼠标。

（6）在第 6 个定位点上单击并拖动鼠标，按住 Alt 键，在节点上单击，一段控制杆将消失（注意：按住 Ctrl 键可移动节点位置或可拖动控制杆调节弧度）。

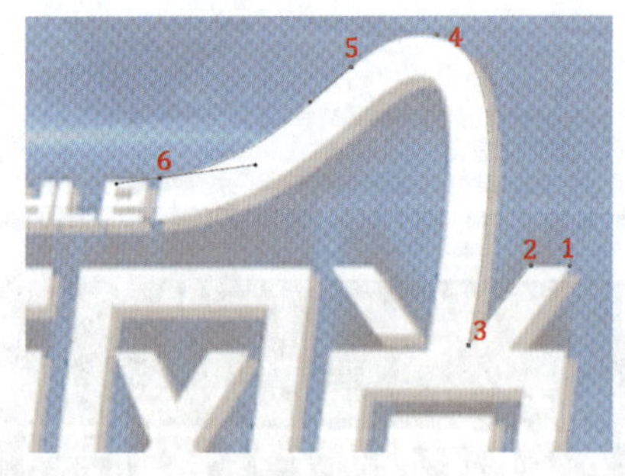

图 2-41

4．按照以上步骤，最后封闭路径，如图 2-42 所示（制作 e 字母时，中间路径必须设定为“从路径区域减去”，见第 5 步）。

图 2-42

5．选择钢笔工具，按 Ctrl 键，在画布中单击鼠标左键，再设定属性栏，单击“从路径区域减去”按钮，如图 2-43 所示，制作效果如图 2-44 所示。

图 2-43

图 2-44

6．打开“路径”面板，存储路径，如图 2-45 所示。

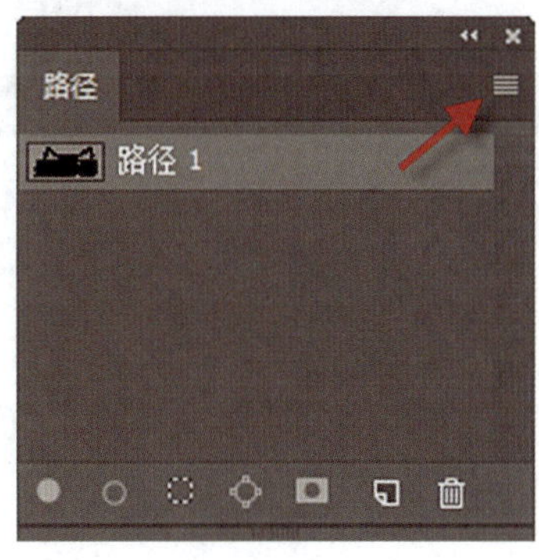

图 2-45

STEP2　调整路径。

1. 单击“新建图层”按钮新建“图层 1”，设定前景色为白色，选择“编辑”/“填充”/“前景色”命令，填充效果如图 2-46 所示。

图 2-46

2. 选择“视图”/“标尺”命令，按住鼠标左键从标尺位置拉出两条辅助线，再选择“视图”/“锁定参考线”，如图 2-47 所示。

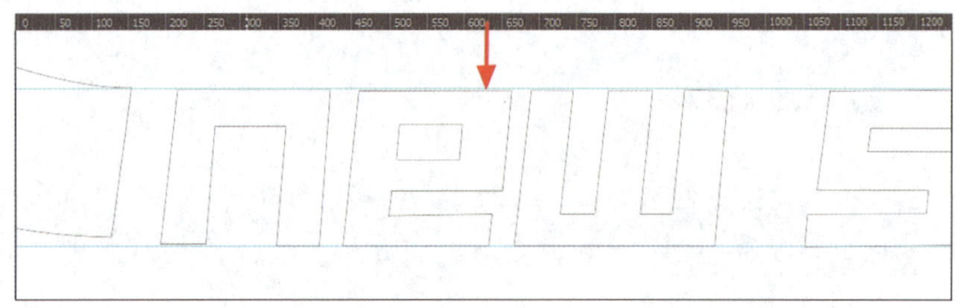

图 2-47

3. 选择钢笔工具，按住 Ctrl 键单击需调整的路径，按住鼠标左键移动节点，如图 2-48 所示。

图 2-48

4．选择“视图”/“显示”/“参考线”命令，隐藏辅助线。

STEP3　填充文字色彩。

1．选择“路径 1”，单击“将路径作为选区载入”按钮，再单击“新建图层”按钮，新建图层。在工具栏中选择渐变工具，如图 2-49 所示。

图 2-49

2．在属性工具栏中选择“橙，黄，橙渐变”并选择“线性”渐变，如图 2-50 所示。

图 2-50

3．从下到上拖动渐变，填充文字色彩。

STEP4　填充背景色彩。选择“图层 1”，设定前景色为 #af1f23，选择“编辑”/“填充”/“前景色”命令，如图 2-51 所示。

图 2-51

STEP5　添加文字投影。在“图层”面板中，选择“图层 2”并双击，在弹出的“图层样式”对话框中选中“投影”复选框并设定参数，如图 2-52 所示，文字添加投影后的效果如图 2-53 所示。

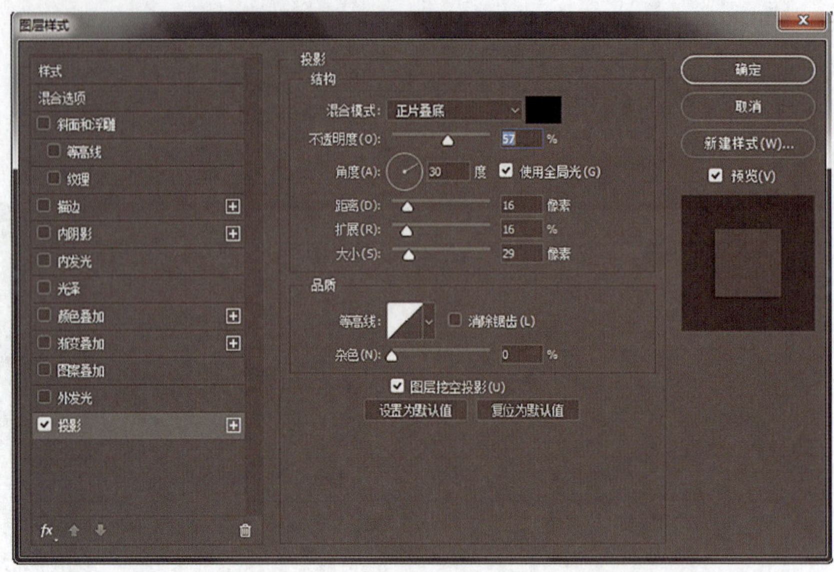

图 2-52

图 2-53

STEP6　添加高光。选择“文件”/“置入”命令，打开高光.psd 图片，用移动工具调整好位置，效果如图 2-54 所示。

图 2-54

STEP7　存储文件。

1．选择“文件”/“存储”命令，文件将自动存储为 PSD 格式。

2．单击“图层”面板右上角的小三角形按钮，在弹出的列表框中选择“拼合图像”，再选择“文件”/“存储为”命令，选择 JPEG 格式，设定品质为 12。

【总结和启示】

1．中文 + 英文 + 图形造型，使文字富有现代感。

2．水平构图，显得稳重大方。

3．色彩运用同类色对比，大面积的红色和黄色文字形成对比，统一感强，突出了购物的快感和喜悦。

任务九　绿琴手表投影制作

【学习目标】

1．学会使用钢笔工具制作路径。

2．学会使用透明渐变工具处理图层蒙版。最终效果如图 2-55 所示。

图 2-55

【制作步骤】

STEP1　打开手表素材图片，选择钢笔工具，单击属性栏中的“路径”按钮，如图 2-56 所示。

图 2-56

STEP2　使用钢笔工具抠出手表路径，并在“路径”面板的右上角单击小三角形按钮，如图 2-57 所示，在弹出的菜单中选择“存储路径”命令。

图 2-57

STEP3　单击“路径”面板下方的“将路径作为选区载入”按钮，效果如图 2-58 所示。

图 2-58

STEP4　按 Ctrl+C 和 Ctrl+V 快捷键，复制图层，产生“图层 1”，如图 2-59 所示。

图 2-59

STEP5　制作背景渐变（如图 2-60 和图 2-61 所示）。

1．新建“图层 2”。

2．用移动工具将“图层 2”移至“图层 1”下面。

3．在工具栏中选择渐变工具。

4．设定前景色为白色。

5．在属性栏中选择“前景色到透明渐变”，再选择“线性”渐变。

6．从画布左下方向斜上方拉动渐变。

图 2-60

图 2-61

STEP6　选择钢笔工具，单击属性栏中的“路径”按钮，如图 2-62 所示。

图 2-62

STEP7　使用钢笔工具绘制路径，并在“路径”面板的右上角单击小三角形按钮，如图 2-63 所示，在弹出的菜单中选择“存储路径”命令。

STEP8　制作选区（如图 2-64 所示）。

1．选择“路径 2”。

2．单击“路径”面板下方的“将路径作为选区载入”按钮。

3．单击“图层”面板下方的“新建图层”按钮。

4．设定前景色为 #21212d。

图 2-63

图 2-64

STEP9 选择“选择”/“修改”/“羽化”命令，在弹出的对话框中设定羽化半径为 20 像素，如图 2-65 所示。

图 2-65

STEP10 选择“编辑”/“填充”/“前景色”命令，效果如图 2-66 所示。

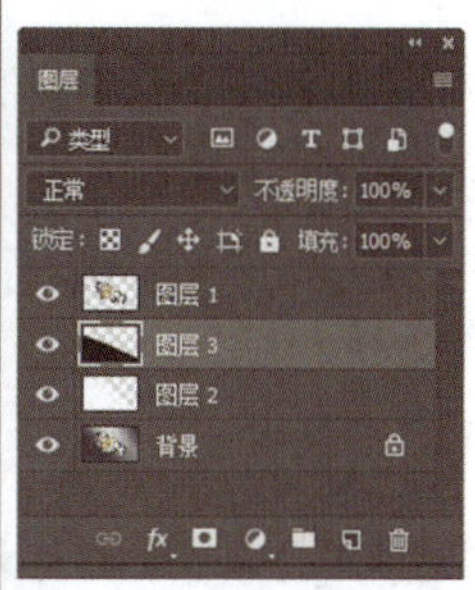

图 2-66

STEP11　单击“路径”面板上的“新建路径”按钮，创建“路径 3”，如图 2-67 所示。

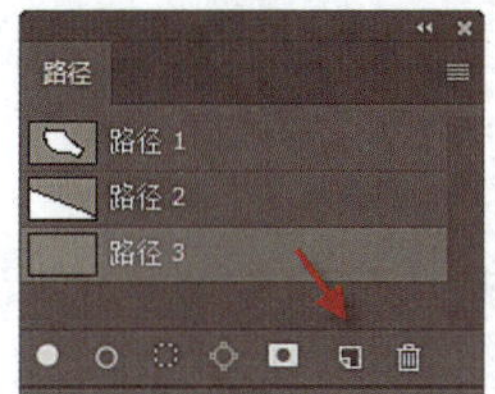

图 2-67

STEP12　选择钢笔工具，单击属性栏中的“路径”按钮，如图 2-68 所示。

图 2-68

STEP13　使用钢笔工具制作路径，如图 2-69 所示。

图 2-69

STEP14　在“路径”面板的右上角单击小三角形按钮，在弹出的菜单中选择“存储

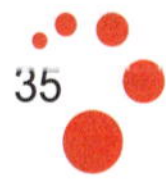

路径”命令。

STEP15　制作选区（如图 2-70 所示）。

1. 选择“路径 3”。
2. 单击“路径”面板下方的“将路径作为选区载入”按钮。
3. 单击“图层”面板下方的“新建图层”按钮。
4. 选择“选择”/“修改”/“羽化”命令，在弹出的对话框中设定羽化半径为 5 像素。

图 2-70

STEP16　制作白色高光（如图 2-71 和图 2-72 所示）。

1. 选择渐变工具。
2. 设定前景色为白色。
3. 设定属性栏：选择“前景色到透明渐变”，选择“线性”渐变。
4. 从画布中间向斜下方拉动渐变。

图 2-71

图 2-72

STEP17　选择“图层 1”，用移动工具将“图层 1”拉到“新建图层”按钮上面，如图 2-73 所示，生成“图层 1 副本”。

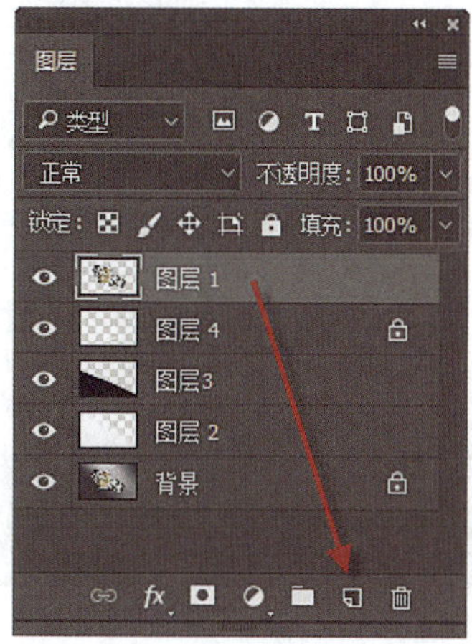

图 2-73

STEP18　选择“图层 1 副本”，选择“选择”/“编辑”/“变换”/“垂直翻转”命令，再使用自由变换工具旋转手表角度，如图 2-74 所示。

图 2-74

STEP19　处理手表投影（如图 2-75 和图 2-76 所示）。

1．单击“添加图层蒙版”按钮，为“图层 1 副本”添加图层蒙版。
2．选择渐变工具。
3．设定前景色为黑色。
4．设定属性栏：选择“前景色到透明渐变”，选择“线性”渐变。
5．从画布右下方向斜上方拉动渐变。
6．在“图层”面板上设定“不透明度”为 90%。

图 2-75

图 2-76

STEP20 调整背景亮度（如图 2-77 和图 2-78 所示）。

1. 选择“图层 2”，单击“新建图层”按钮，生成“图层 5”。
2. 选择渐变工具。
3. 设定前景色为白色。
4. 设定属性栏：选择“前景色到透明渐变”，选择“线性”渐变。
5. 从画布下方向斜上方拉动渐变。

图 2-77

图 2-78

STEP21　选择“文件”/“存储”命令，存储为 PSD 格式文件。

STEP22　单击“图层”面板右上角的小三角形按钮，在弹出的菜单中选择“拼合图像”命令；再选择“文件”/“存储为”命令，选择 JPEG 格式，设定品质为 12，如图 2-79 所示，最终完成的效果如图 2-80 所示。

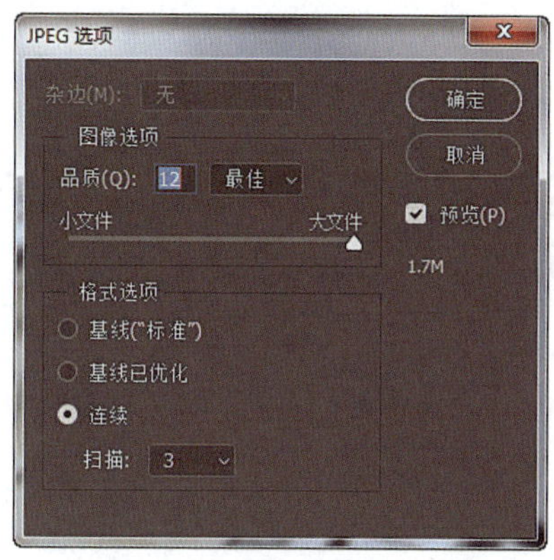

图 2-79

图 2-80

【总结和启示】

1．光影的塑造，更能衬托手表主体，突出手表尊贵的品质。

2．左斜向构图样式新颖，充满力量，又富有活力，符合目标消费者的审美。

3．色彩运用饱和度对比，大面积的灰色和中间金黄色形成强烈的对比，突出了产品尊贵的品质。以中灰为主色调，稳重大气，充满魅力，如图 2-81 所示。

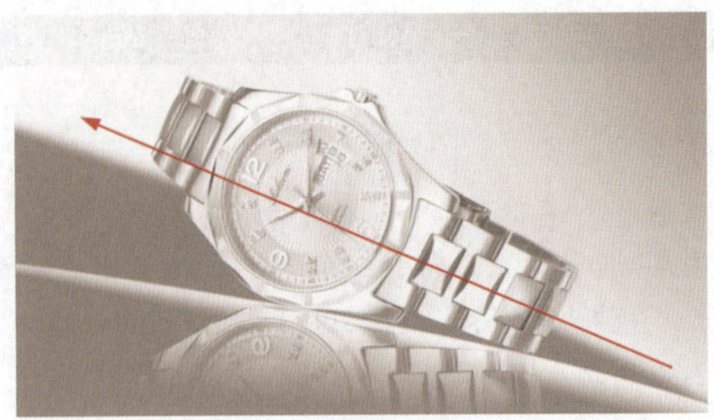

图 2-81

任务十　汽车背景变白处理

【学习目标】

1．学会使用魔棒工具。

2．学会编辑选区。

3．学会使用曲线调整图像。最终效果如图 2-82 所示。

图 2-82

【制作步骤】

STEP1　选择“文件”/“打开”命令，打开 DSC_7794-1.jpg 素材图片。

STEP2　选择工具箱中的魔棒工具，设定容差为 10，在汽车背景中单击。

STEP3　在属性栏中单击“添加到选区”按钮，设定容差为 10，在汽车背景中单击，如图 2-83 所示，效果如图 2-84 所示。

图 2-83

图 2-84

STEP4　处理图层蒙版（如图 2-85 所示）。

1. 单击“图层”面板中的“创建新的填充或调整图层”按钮，在弹出的菜单中选择“曲线”命令。

2. 斜上拉动曲线。

3. 设置参数，输入为 39，输出为 230。

4. 在工具栏中选择画笔工具。

5. 设定前景色为黑色。

6. 单击图层蒙版（红色箭头所指位置）。

图 2-85

STEP5 设定画笔属性：大小为 27，硬度为 100%，如图 2-86 所示，将需要还原的位置绘制出来，如图 2-87 所示。

图 2-86

图 2-87

STEP6 处理图层蒙版（如图 2-88 所示）。

1．选择工具箱中的魔棒工具，设定容差为 10。

2．单击图中两个绘色块。

3．设定前景色为白色。

4．选择“编辑”/“填充”/“前景色”命令，填充前景色。

5．选择矩形选框工具，并在画布中单击鼠标左键，处消选区。

图 2-88

STEP7　单击“图层”面板中的“创建新的填充或调整图层”按钮，在弹出的菜单中选择“曲线”命令，调整曲线，如图 2-89 所示。

图 2-89

STEP8　选择“文件”/“存储”命令，自动存储为 PSD 格式文件。

STEP9　单击“图层”面板右上角的小三角形按钮，在弹出的菜单中选择“拼合图像”命令；再选择“文件”/“存储为”命令，选择 JPEG 格式，设定品质为 12，如图 2-90 所示。最终完成的效果如图 2-91 所示。

JPEG 选项
杂边(M): 无
确定
图像选项
取消
品质(Q): 12 最佳
预览(P)
小文件 大文件
1.6M
格式选项
基线("标准")
基线已优化
连续
扫描: 3

图 2-90

图 2-91

任务十一　皮包图片的后期处理

【学习目标】

1．学会运用仿制图章工具等常用工具修图。

2．学会使用色彩范围抠图。最终效果如图 2-92 所示。

图 2-92

【制作流程】

1．修补产品图片。

2．将皮包背景变为白色。

3．调整皮包颜色。

4．存储文件。

【制作步骤】

STEP1　修补产品图片（使用仿制图章工具修补产品图片上的污点，也可用修复画笔工具或修补工具）。

1．在 Photoshop CC 2017 中打开“包包原图”，选择放大工具（或按 Ctrl+Space 快捷键并单击），放大包包部分细节，找出需要修整的问题，如图 2-93 所示。

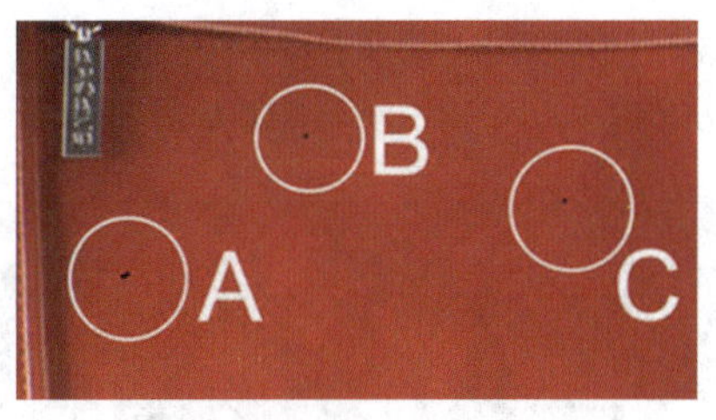

图 2-93

2．选择仿制图章工具，如图 2-94 所示。

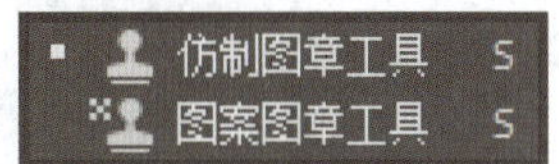

图 2-94

3．按住键盘上的 Alt 键，在 D 点处单击，然后松开鼠标，在 A 区域单击，这样可以修去 A 区域的黑点，如图 2-95 所示。

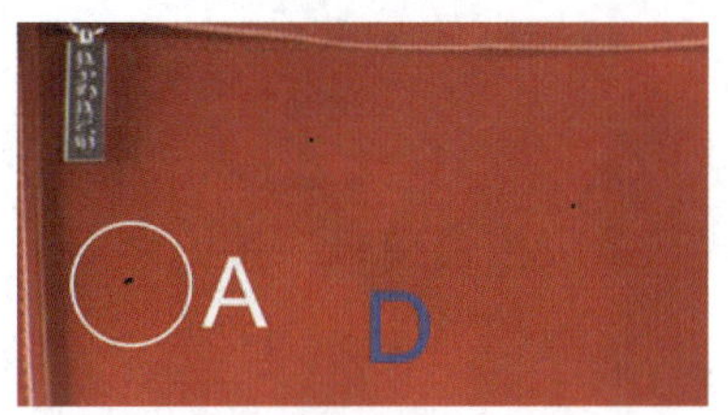

图 2-95

4．重复以上步骤，修去其他黑点。

STEP2　将皮包背景变为白色。

1．首先要把包包以外的灰色背景去除，选择“选择”/“色彩范围”命令，在弹出的“色彩范围”对话框中设定颜色容差为 40。单击“添加到取样”按钮，如图 2-96 所示。

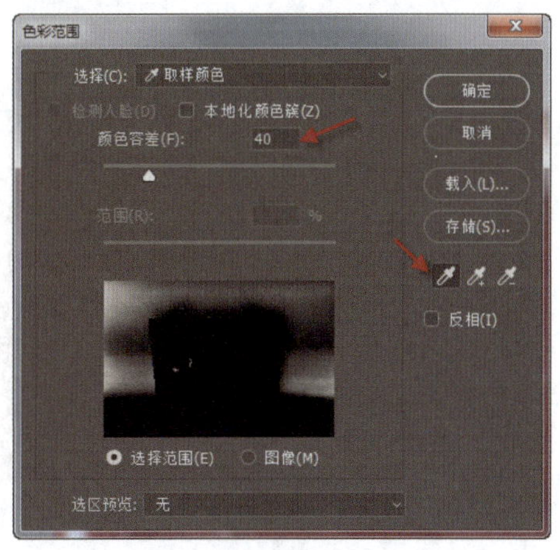

图 2-96

2. 在左边的预览窗口单击包包以外（箭头所示）的地方，再单击“添加到取样”按钮（箭头所示），继续单击包包以外的地方，直到背景变为白色，如图 2-97 所示。

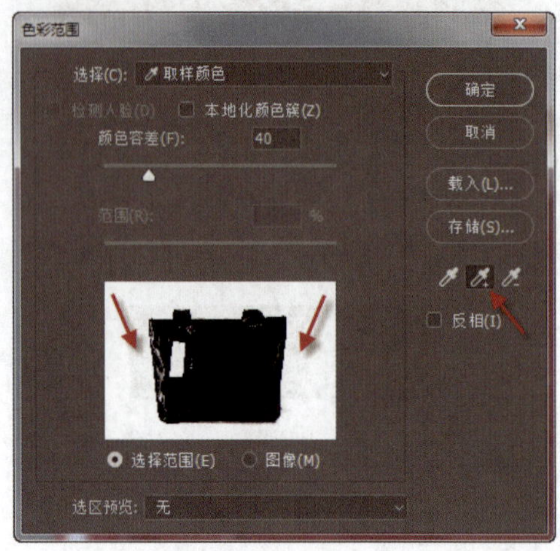

图 2-97

3. 单击工具箱最下面的“以快速蒙版模式编辑”按钮，设定前景色为黑色，再选中画笔工具在皮包中的白色区域上面涂抹，继续将选区补充完整，如图 2-98 和图 2-99 所示，再单击工具箱最下面的“以快速蒙版模式编辑”按钮，显示出图像上的选区，如图 2-100 所示。

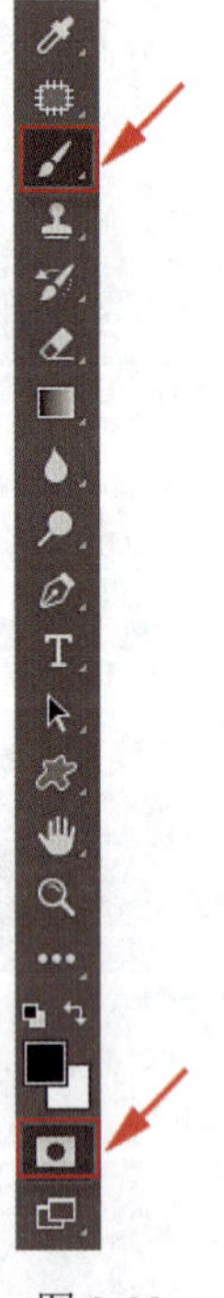

图 2-98

图 2-99

图 2-100

4．单击“图层”面板中的“创建新的填充或调整图层”按钮，在弹出的菜单中选择“可选颜色”命令，打开“可选颜色”界面，如图 2-101 所示。

5．选择颜色为“白色”，然后将 4 种颜色调整为 -100%，参数设置如图 2-102 所示。

图 2-101

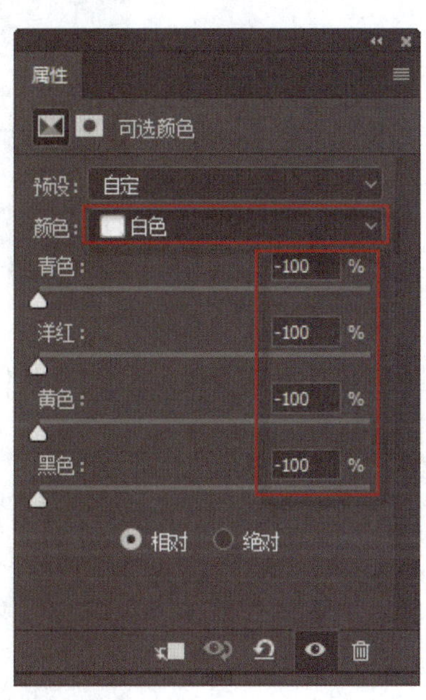

图 2-102

6．选择颜色为“中性色”，然后将黑色颜色调整为 -100%，参数如图 2-103 所示。重复多次以上步骤操作后，包包背景变为白色。

STEP3　调整皮包颜色。

1．选择“图像”/“调整”/“亮度 / 对比度”命令，弹出“亮度 / 对比度”对话框，参数设置如图 2-104 所示。

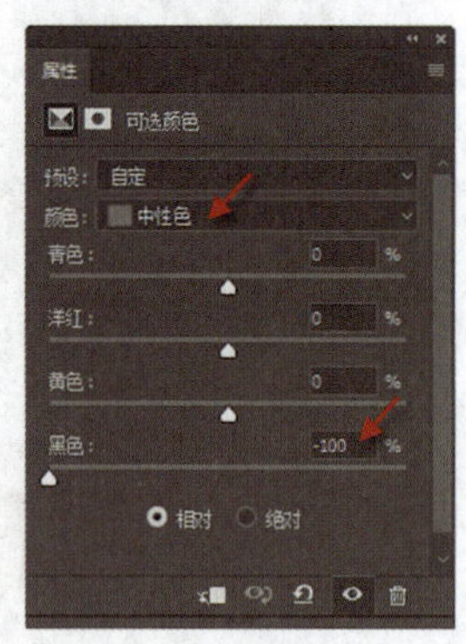

图 2-103

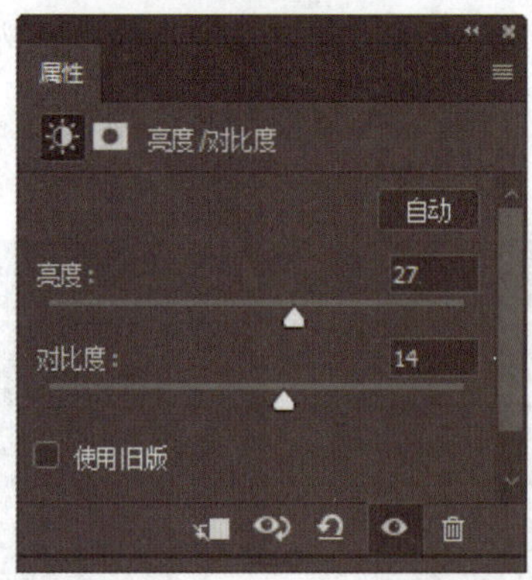

图 2-104

2．选择“图像”/“调整”/“自然饱和度”命令，弹出“自然饱和度”对话框，参数设置如图 2-105 所示。

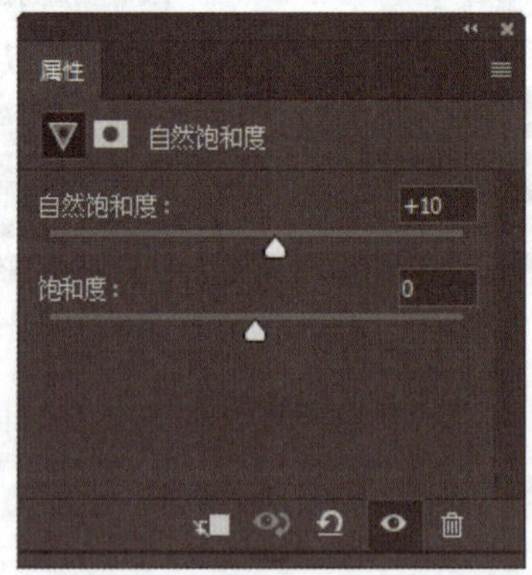

图 2-105

3．色彩调整基本完成，效果如图 2-106 所示。

图 2-106

STEP4　存储文件。

1. 选择“文件”/“存储”命令，将自动存储为 PSD 格式文件。

2. 单击“图层”面板右上角的小三角形按钮，在弹出的菜单中选择“拼合图像”命令，再选择“文件”/“存储为”命令，选择 JPEG 格式，设定品质为 12。

【总结和启示】

1. 背景和主体色彩对比鲜明，可用色彩范围来制作选区。

2. 产品背景为白色，使主体更突出，简洁大方。

3. 红色的包包色彩冲击力强，能够引起消费者的注意。

任务十二　玩偶产品背景的合成与处理

【学习目标】

1. 学会使用魔棒工具制作选区。

2. 学会使用钢笔工具制作路径。

3. 学会使用透明渐变工具。

如图 2-107 所示为两张未合成处理的图片，合成后的效果如图 2-108 所示。

图 2-107

图 2-108

【制作流程】

1. 人物的抠取。

2. 背景图的处理。

3. 玩偶图与背景图创意合成。

【制作步骤】

STEP1　人物的抠取。

1. 打开素材“玩偶图”，双击“图层”面板中的“背景”图层，命名为 0 图层。

2. 选中魔棒工具，在属性栏中设定容差为 20，单击玩偶的背景区域；再选中多边形套索工具，并在属性栏中设定“添加到区域”，再分别在 A、B 和 C 红色线条区域制作选区（按 Ctrl 键可以快速封闭选区），如图 2-109 所示，让背景选区完整。

图 2-109

3．按 Delete 键删除背景，如图 2-110 所示。

图 2-110

4．将抠取成功的玩偶图存储为 PSD 格式文件。

STEP2　背景图的处理。

1．打开素材“背景图”，新建“图层 1”。

2．用钢笔工具制作路径，按 Ctrl+Enter 快捷键将其转换为选区，如图 2-111 所示。

图 2-111

3．设定前景色为白色，选择“编辑”/“填充”命令，填充白色，并处消选区，如图 2-112 所示。

4．新建“图层 2”，选择画笔工具，设置画笔大小为 1100 像素，硬度为 0%，如图 2-113 所示。画出如图 2-114 所示的白色光亮区域。

图 2-112

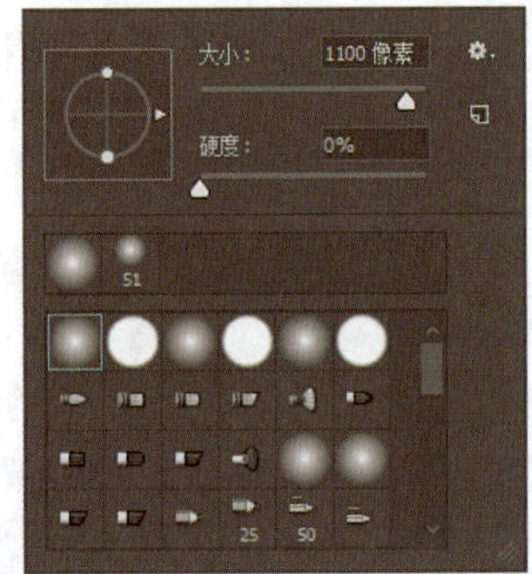

图 2-113

图 2-114

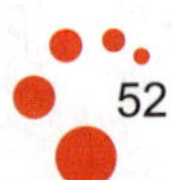

5．设置不透明度为 30%，如图 2-115 所示。效果如图 2-116 所示。

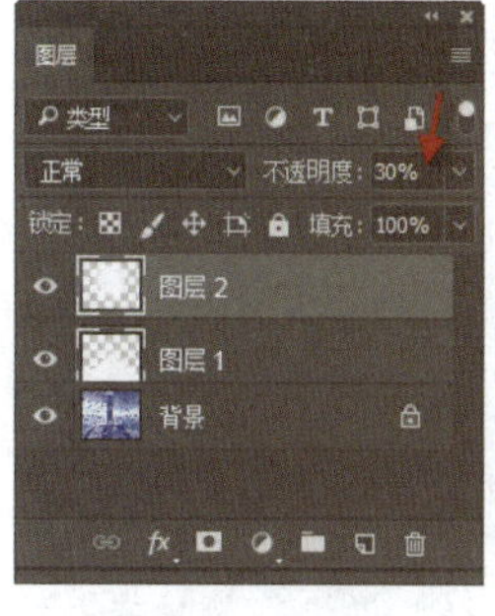

图 2-115

图 2-116

STEP3　玩偶图与背景图创意合成。

1．选择移动工具，将“玩偶图”拖动至“背景图”，放置在如图 2-117 所示位置。

图 2-117

2．双击玩偶图层，设置图层样式参数，如图 2-118 所示。效果如图 2-119 所示。

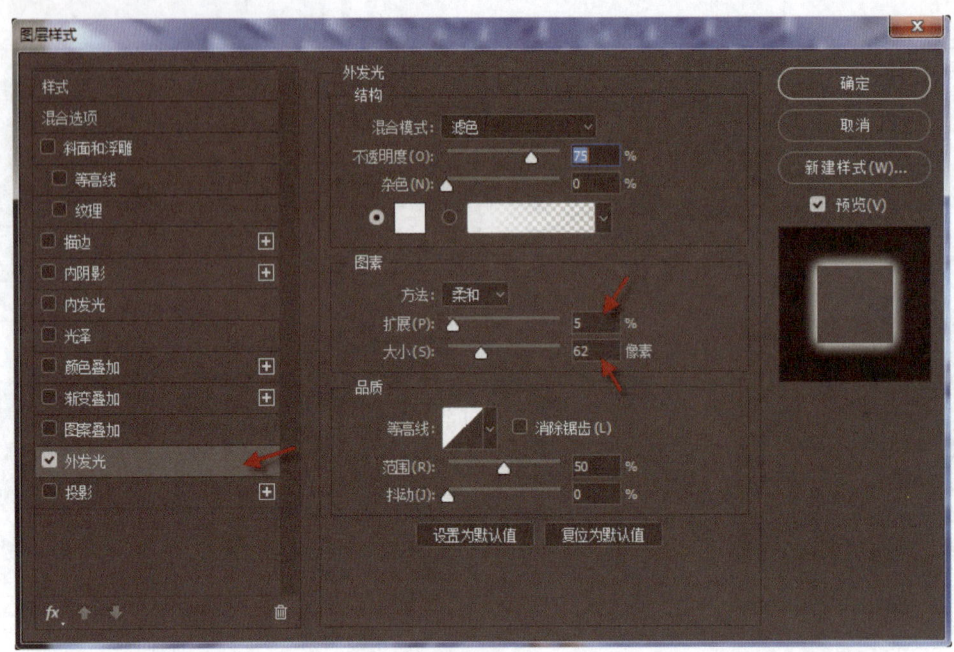

图 2-118

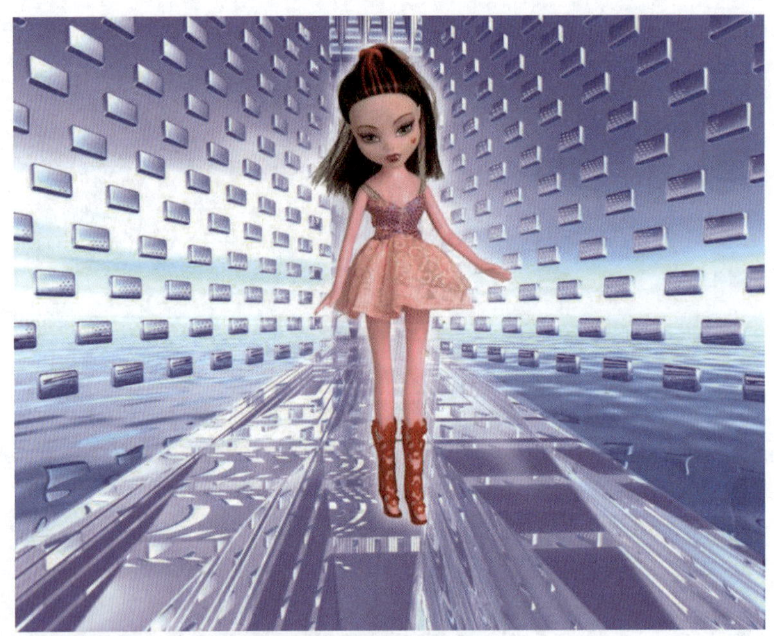

图 2-119

3．单击“图层”面板中的“创建新的填充或调整图层”按钮，在弹出的菜单中选择“曲线”命令，调整曲线，再选择“图层”/“创建剪切蒙版”命令，如图 2-120 和图 2-121 所示。效果如图 2-122 所示。

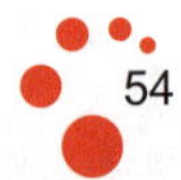

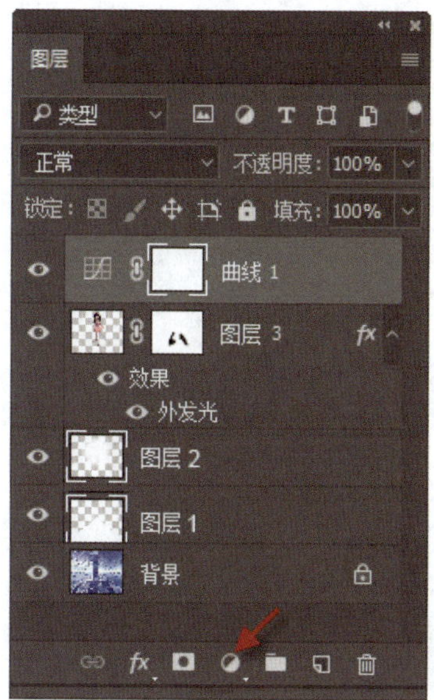

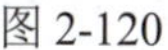
图 2-120

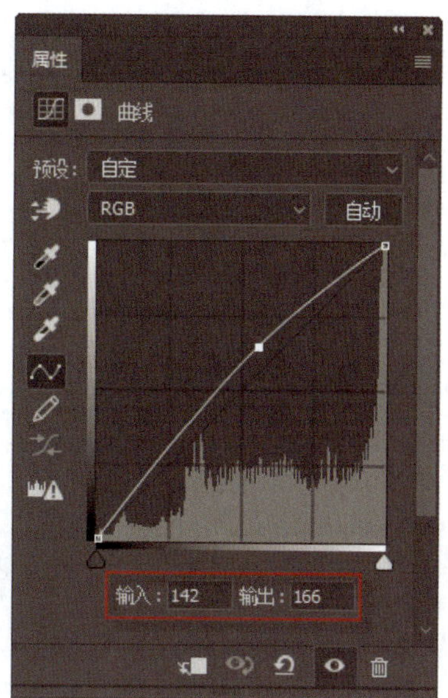

图 2-121

图 2-122

4．选择玩偶图所在图层并复制。选择“编辑”/“变换”/“垂直翻转”命令，制作玩偶的倒影，如图 2-123 所示。

5．用移动工具移动倒影位置。

6．在“图层”面板上，调整倒影所在图层的不透明度为 36%。

7．选择“文件”/“存储”命令，存储为 PSD 格式文件。

图 2-123

8．单击“图层”面板右上角的小三角形按钮，在弹出的菜单中选择“拼合图像”命令；再选择“文件”/“存储为”命令，选择 JPEG 格式，设定品质为 12。最终效果如图 2-124 所示。

图 2-124

【总结和启示】

1．背景图片和玩偶图片组合在一起，有一种科幻的感觉，能够激发儿童的好奇心。

2．蓝色背景和粉红色玩偶形成鲜明对比，符合儿童天真开朗的个性。

任务十三　服装人物图片“高反差保留”磨皮处理

【学习目标】

1．学会使用盖印。

2．学会使用 USM 锐化图像。

3．学会使用“高反差保留”对产品图片进行磨皮。最终效果如图 2-125 所示。

（摄影师：谢文创　模特：谢泽杭）

图 2-125

【制作步骤】

1．打开“磨皮图”，复制背景图层。

2．在“图层”面板中，选中背景图层副本，设定图层模式为“叠加”，如图 2-126 所示。

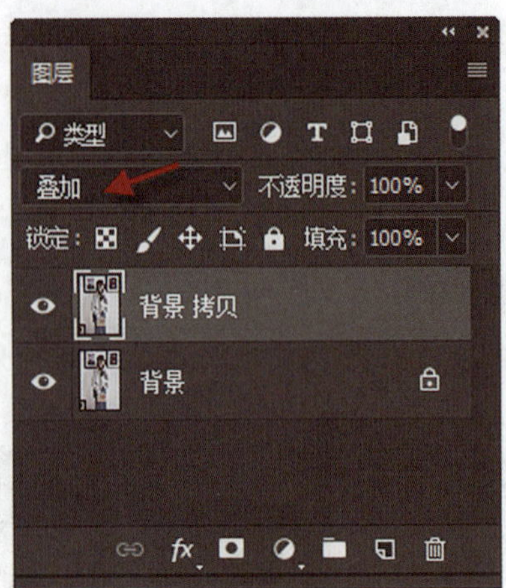

图 2-126

3．选择“图像”/“调整”/“反相”命令。

4．选择“滤镜”/“其他”/“高反差保留”命令，设定半径为 9.0 像素。

5．选择“滤镜”/“模糊”/“高斯模糊”命令，设定半径为 1.0 像素。

6．按住 Alt 键，在“图层”面板上，单击“添加蒙版”按钮，如图 2-127 所示。

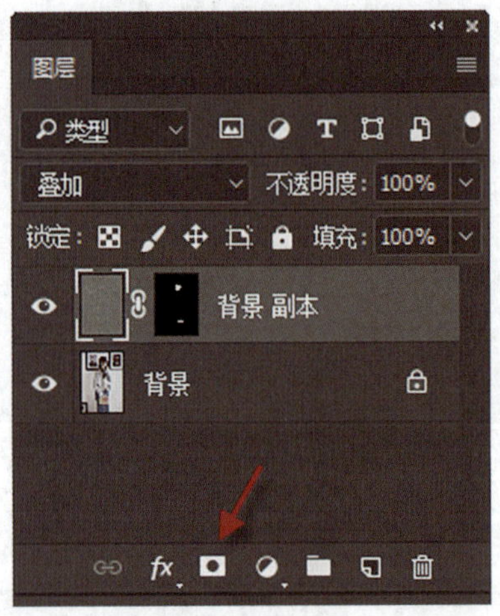

图 2-127

7．选中画笔工具，设置前景色为白色。

8．使用画笔工具处理需要磨皮的区域。

9．左手按住 Shift、Ctrl 和 Alt 三个健，右手按 E 健，盖印。

10．在“图层”面板上，选择曲线调整，如图 2-128 所示。

11．左手按住 Shift、Ctrl 和 Alt 三个键，右手按 E 键，盖印。

12．选择“滤镜”/“锐化”/“USM 锐化”命令，设定数量 75%，半径为 1.5 像素。

13．在“图层”面板上，选择拼合图像，存储为 JPG 格式。

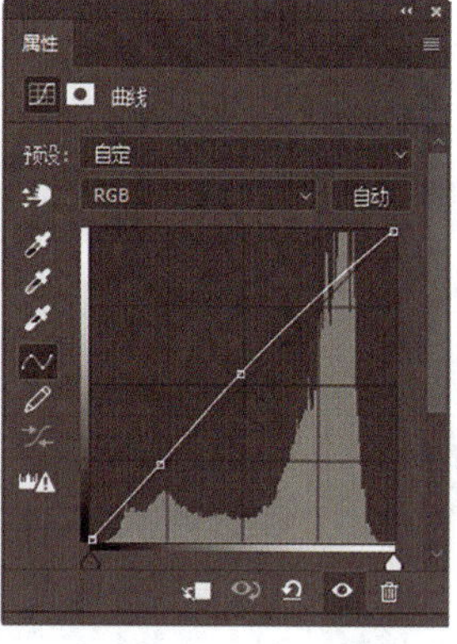

图 2-128

任务十四　服装人物头发抠取

【学习目标】

1．学会使用快速选择工具。

2．学会使用“选择并遮住”面版处理人物头发，最终效果如图 2-129 所示。

（摄影师：谢文创　模特：谢泽杭）

图 2-129

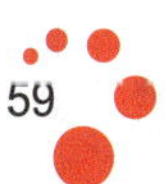

【制作步骤】

1. 打开素材“服装人物头发”图像。

2. 使用快速选择工具把画面中的人物抠选出来，画笔尺寸为37像素，硬度为100%，按住鼠标左键在人物区域拖动即可，如图2-130所示。（可以用“添加到选区”和“从选区减去”按钮，来添加或减少选区）

图2-130

3. 单击属性栏上的“选择并遮住”按钮。

4. 在“选择并遮住”控制面板中，选择“黑底”视图模式，如图2-131所示。（视图模式有多种选择，选择哪种要看具体情况，我们这次是要能够看清头发选区的边缘）

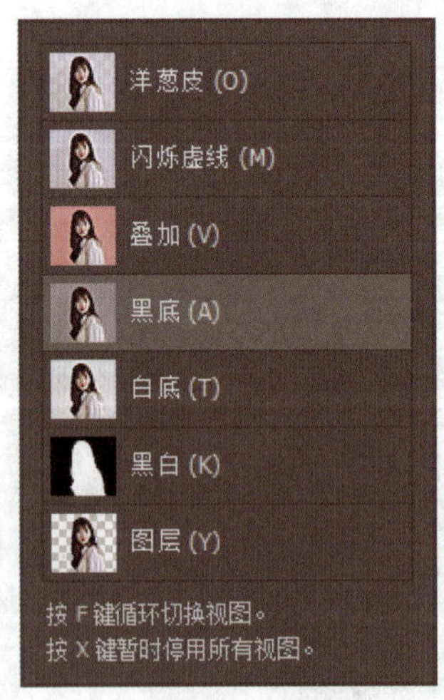

图2-131

5. 在“选择并遮住”控制面板中选中“智能半径”，设定半径为99像素，此时默认为画笔工具，可以用调整边缘画笔工具直接涂抹头发边缘处。再选中“净化颜色”，输出

到“创建带有图层蒙版的图层”，最后单击“确定”按钮，如图 2-132 所示。

图 2-132

6. 新建图层 1，填充绿色。再将图层 1 拉到背景副本图层下面，效果如图 2-133 所示。

图 2-133

7. 在“图层”面板上，选择拼合图层，存储为 JPG 格式。

任务十五　热水器主图制作

【学习目标】

1. 学会使用路径转换点工具。
2. 学会使用“创建剪切蒙版”。
3. 学会使用裁剪工具。
4. 学会对产品造型进行调整。
5. 学会制作家电产品光影效果。最终效果如图 2-134 所示。

图 2-134

【制作流程】

1. 修图。
2. 制作路径。
3. 调整产品造型。
4. 调整产品颜色。
5. 裁切画布。
6. 制作光影。

7. 制作投影。
8. 制作背景渐变色块。
9. 存储。

【制作步骤】

STEP1 修图。

1. 打开“热水器主图”。
2. 选中修补工具或仿制图章工具处理产品上的污点。

STEP2 制作路径。

1. 选中钢笔工具，单击属性栏中的“路径”和“添加到路径区域”按钮，如图 2-135 所示。

图 2-135

2. 用钢笔工具抠出热水器外轮廓路径，并保存路径。
3. 复制热水器外轮廓路径。
4. 使用直接选择工具选中左边外轮廓路径节点，如图 2-136 所示，按 Delete 键删除左侧 A、B、C、D 节点。

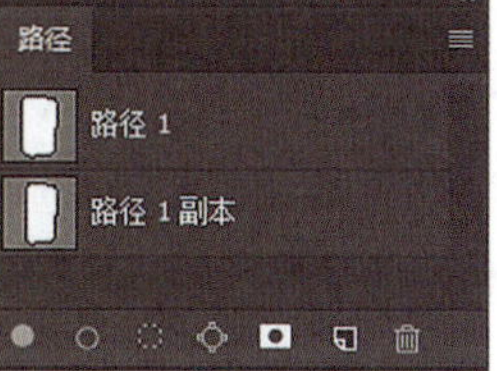

图 2-136

5. 选中钢笔工具，在起点上单击节点，继续绘制热水器正面路径。

STEP3　调整产品造型。

1. 打开“路径”面板，选中路径 1，单击“将路径作为选区载入”按钮，再按 Ctrl+C 和 Ctrl+V 快捷键复制热水器全图，如图 2-137 所示。

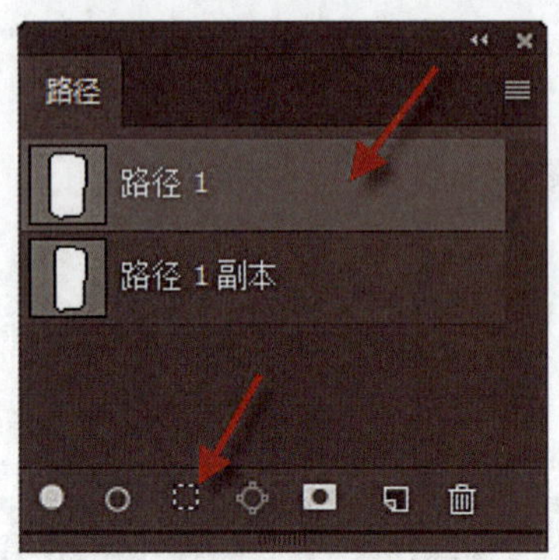

图 2-137

2. 打开“路径”面板，选中路径 1 副本，单击“将路径作为选区载入”按钮，再按 Ctrl+C 和 Ctrl+V 快捷键复制热水器正面全图，如图 2-138 所示。

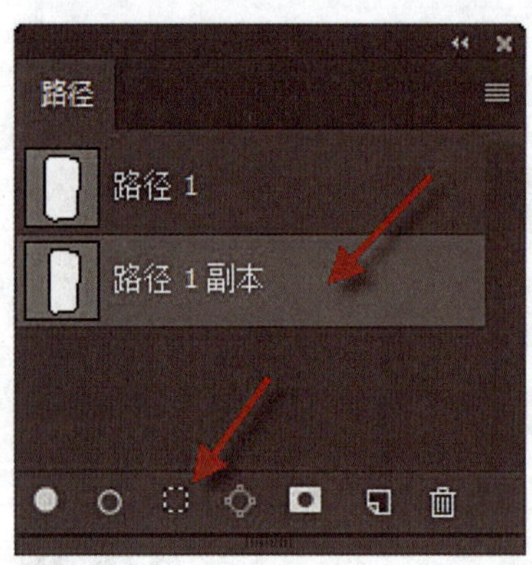

图 2-138

3. 选择“视图”/“标尺”命令，从左边“标尺”拉出参考线。

4. 按 Shift 键，同时选中热水器全图图层和正面图层，先按 Ctrl+T 快捷键，再按 Ctrl 键，拉动右上角节点，调整热水器造型，如图 2-139 所示。

5. 选中图层 1，在“图层”面板上单击“新建图层”按钮，新建图层 3。

6. 按 Ctrl 键单击图层 1 缩图，载入选区。设定前景色为 #a7a7a9，选择“编辑”菜单 / “填充”/“前景颜色”命令。

7. 在图层面板上，单击“锁定透明像素”按钮，并设定前景色为 #909090，使用透明渐变工具处理热水器侧面明暗。

图 2-139

8．取消选区，在“图层”面板上单击“添加图层蒙版”按钮。设定前景色为黑色，并使用透明渐变工具处理蒙版，如图 2-140 所示。

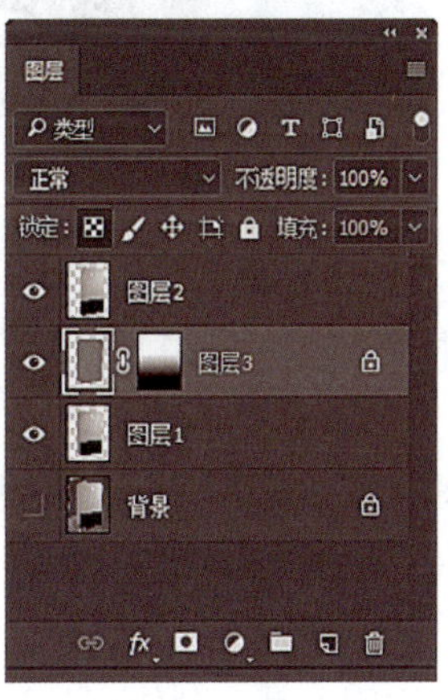

图 2-140

STEP4 调整产品颜色。

1. 选中背景图层，设定前景色为 #6dc3c2，选择“编辑”/“填充”/“前景颜色”命令。

2. 选中图层 2，单击“图层”面板上的“创建新的填充或调整图层”按钮，选择“色相 / 饱和度”，设定饱和度为 -60。再选择“图层”/“创建剪切蒙版”命令。

3. 选择曲线，提高产品亮度。再选择“图层”/“创建剪切蒙版”命令。

4. 选中图层 1，单击“图层”面板中的“创建新的填充或调整图层”按钮，选择“色相 / 饱和度”，设定饱和度为 -60。再选择“图层”/“创建剪切蒙版”命令。

5. 选择曲线，提高产品亮度。再选择“图层”/“创建剪切蒙版”命令，效果如图 2-141 所示。

图 2-141

STEP5 裁剪画布。

1. 选中裁剪工具，在属性栏设定宽 × 高 × 分辨率，宽 800 像素，高 800 像素，72 像素 / 英寸。

2. 在画布中拉出裁切框，把图标放在选区内部，双击鼠标。

3. 选中背景图层以外的所有图层，用移动工具，调整产品位置。

STEP6 制作光影。

1. 选中钢笔工具，制作产品光影路径，变为选区。

2. 新建图层，选中渐变工具，设定前景色，选中透明渐变，设定线性。

3. 选择“图层”/“创建剪贴蒙版”命令。

4. 在“图层”面板上，设定不透明度为 17%。效果如图 2-142 所示。

图 2-142

STEP7　制作投影。

1．按 Shift 键，选中背景图层以外的所有图层；在“图层”面板上，选择“从图层创建组”组 1。

2．复制组 1。

3．选中组 1，选择“编辑”/“变换”/“垂直翻转”命令，再按 Ctrl+T，按住鼠标左键可移动组 1 位置。

4．选中组 1，在“图层”面板上，单击“添加图层蒙版”按钮。

5．选中透明渐变工具，处理蒙版。效果如图 2-143 所示。

图 2-143

STEP8　制作背景渐变色块。

1．选中背景图层，新建图层 5。

2．选中渐变工具，设定前景色为白色。

3．在属性栏设定透明渐变，设定线性，制作渐变色块。效果如图 2-144 所示。

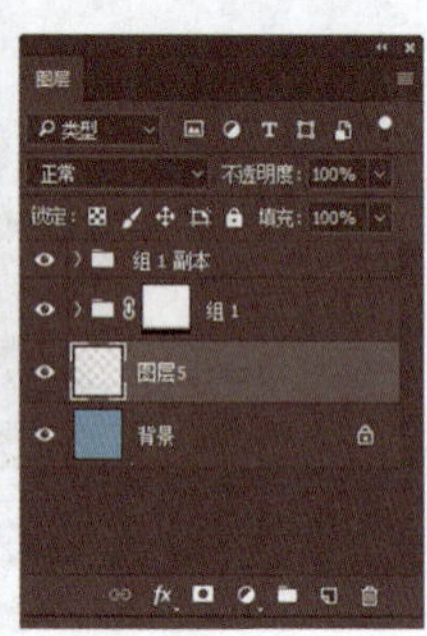

图 2-144

STEP9　存储。

1．选择“文件”/“存储”命令。

2．在“图层”面板上选择拼合图层，选择“文件”/“存储为”命令，选择 JPG 格式。

拓展任务一　产品图片抠图

要求：

1．使用钢笔工具分别对素材 1～5 进行抠图。素材 1-5 如图 2-145 所示。

素材 1

素材 2

素材 3

素材 4

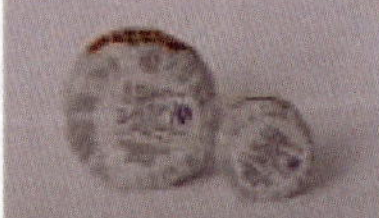

素材 5

图 2-145

2．使用裁剪工具分别对素材 1 ～ 5 进行裁切，裁切尺寸为宽 800 像素，高 800 像素，分辨率为 72 像素 / 英寸，模式为 RGB。

3．图片背景颜色自定，可以对产品图片进行色彩调整。

4．保存为 PSD 和 JPG 两种格式。

拓展任务二　包包产品图片抠图

要求：

1．使用修补工具和仿制图章工具分别对素材 6 ～ 7 进行修补。素材 6 ～ 7 如图 2-146 所示。

素材 6　　素材 7

图 2-146

2．使用钢笔工具分别对素材 6 ～ 7 进行抠图。

3．分别对产品图片进行色彩调整。

4．使用裁剪工具分别对素材 6 ～ 7 进行裁切，裁切尺寸为宽 800 像素，高 800 像素，分辨率为 72 像素 / 英寸，模式为 RGB。

5．图片背景颜色自定，可以在图片中增加标志和文字。

6．保存为 PSD 和 JPG 两种格式。

拓展任务三　毛衫产品图片磨皮

要求：

1．使用修补工具和仿制图章工具对素材 8 进行修补。素材 8 如图 2-147 所示。

2．使用“高反差保留”对产品图片进行磨皮。

3．图片背景色为白色，可以在图片中增加标志。

4．使用裁剪工具对素材 8 进行裁切，裁切尺寸为宽 780 像素，高 1100 像素，分辨率

为 72 像素 / 英寸，模式为 RGB。

5．保存为 PSD 和 JPG 两种格式。

素材 8

（摄影师：谢文创　模特：欧阳丽欣）

图 2-147

项目三

网店美工设计基础实战

通过完成教学的操作实践任务，重点学习平面构成和色彩构成，培养网店美工设计方面的基础技能，主要任务包括：点的构成、平面的构成、图的大小、图的组合及图的色彩对比等。本部分还配套“相关基础知识”内容，向学习者讲解平面构成和色彩构成相关理论知识。

任务一　基本形构成

【任务内容】

Photoshop CC 2017 的自定义形状面板中选择一个图形作为基本形（如图 3-1 所示），完成下面 7 种组合：

（1）分离；

（2）接触；

（3）复叠；

（4）重合；

（5）透叠；

（6）减去；

（7）差叠。

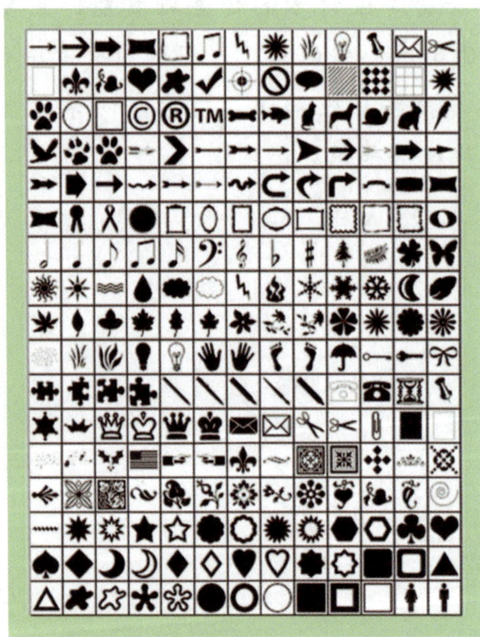

图 3-1

【任务目标】

学会运用基本形组合方法。

【任务要求】

1. 尺寸：宽为 800 像素，高为 600 像素；分辨率为 72 像素 / 英寸；颜色模式为 RGB 颜色。

2. 色彩以黑白为主，可以使用不同色彩。

3．提交 JPG 文件。

【相关基础知识】

平面设计中的基本形：在平面设计中，一组相同或相似的形象组成，其每一组成单位称为基本形，基本形是一个最小的单位。利用它根据一定的构成原则排列、组合，便可得到最好的构图效果。在构图中，由于基本型的组合产生了形与形之间的组合关系，这种关系主要有 7 种组合形式，如图 3-2 所示。

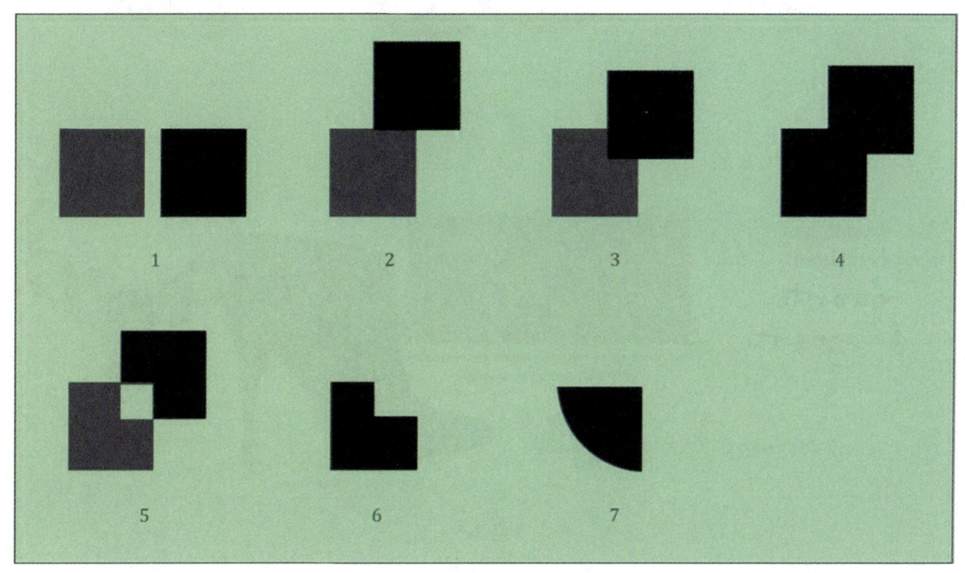

图 3-2

（1）分离：形与形之间不接触，有一定距离。分离应用如图 3-3 所示。

图 3-3

（2）接触：形与形之间边缘正好相切。接触应用如图 3-4 所示。

（3）复叠：形与形之间是复叠关系，由此产生上下、前后、左右的空间关系。复叠应用如图 3-5 所示。

（4）重合：形与形之间相互重合，变为一体。

图 3-4

图 3-5

（5）透叠：形与形之间透明性地相互交叠，但不产生上下、前后的空间关系。

（6）减去：形与形之间相互覆盖，覆盖的位置被剪掉。

（7）差叠：形与形之间相互交叠，交叠的位置产生新的形。

任务二　网店产品摆放构成

【任务内容】

在所提供的素材中选择一种或几种产品图片，并按下面 5 种方式分别进行摆放、构成。

（1）水平构图（运用九宫格原理）。

（2）垂直构图（运用九宫格原理）。

（3）对角构图。

（4）中心点构图。

（5）三角形构图。

【任务目标】

熟悉网店品牌的摆放构图规律。

【任务要求】

1. 尺寸：宽为281像素，高为281像素，分辨率为72像素/英寸，颜色模式为RGB颜色。

2. 提交PSD和JPG格式文件。

任务三　网店广告版面构成

【任务内容】

在所提供的素材中选择一张或几张图片，进行下面5种形式的版面构成设计：

（1）重复；

（2）近似；

（3）对比；

（4）变异；

（5）渐变。

【任务目标】

掌握网店广告版面构成原理。

【任务要求】

1. 尺寸：宽为281像素，高为281像素，分辨率为72像素/英寸，颜色模式为RGB颜色。

2. 提交PSD和JPG格式文件。

任务四　网店版面对比构成

【任务内容】

使用Photoshop CC 2017，设定尺寸为800像素×600像素，分辨率为72像素/英寸，颜色模式为RGB颜色，制作下面6组版面（可以自己设计）：

（1）曲直对比；

（2）疏密对比；

（3）大小对比；

（4）软硬对比；

（5）圆方对比；

（6）虚实对比。

【任务目标】

掌握对比 + 均衡编排原理。

【任务要求】

1. 尺寸：宽为 800 像素，高为 600 像素，分辨率为 72 像素 / 英寸，颜色模式为 RGB 颜色。

2. 提交 PSD 和 JPG 格式文件。

【相关基础知识】

一、点线面构成

所谓“构成”，就是将不同或相同形态的两个以上元素或单元进行组合，成为一个新美术单元或图形的做法。构成的主要形态包括自然形态、几何形态和抽象形态。点、线、面是画面构图表现的重要元素，决定了画面的重心表现与辅助表现，将对网店版面视觉产生重大影响。

1. 点的编排构成

在网店版面设计中，点在版面中起到了突出重心或加强视觉凝聚力的作用。版面中的点可以是文字或图形等元素。这些点可以是单独的，也可以是多个组合的。缩小的点可起到点缀或强调的作用，放大的点则可突出视觉面，强调画面重点，起到引导视觉和活泼版面的作用，如图 3-6 所示。

图 3-6

2. 线的空间关系

在网店版面构图中，线在形态上可以是明确的实线或非明确性的虚线，也可以是自由舞动于空间的流动线。线可以用来分割版面，使版面更有秩序感，如图 3-7 所示。

图 3-7

3．面的版面构成

相较于点和线，面是空间中面积相对较大的元素，给人稳重和富有力量的感觉。面可分为几何形和自由形，前者是具体的形式表现，后者是一种较为随意的形态。如图 3-8 所示为面的版面构成示例。

图 3-8

二、形式美的规律

形式美的主要规律包括：对称与平衡、变化与统一、节奏与韵律。

1．对称

对称指将中心两侧或多侧的形态，在位置、方向上做互为相对形式的构成。这种形式带来的视觉感受趋于安定和端庄，显示出规范、严谨有序、安静、平和的形式特征。

2．平衡

在画面各元素相互作用的情况下，各组成部分的组合既应该是自由、活泼的，彼此之间在美感上又应该是均衡、合理、不突兀的，从而使画面达到一种平衡之美。在造型时，平衡的感觉是非常重要的，由于平衡造成的视觉满足，使人的眼睛能够在观察对象时产生一种安稳、和谐的感受。

3．变化

在构成中强调突出各元素的特点，使画面具有差异性，即为变化。在变化中要有主次之分，使局部服从整体，变化过多易杂乱无章，无变化又死板无趣。变化的形式多种多样，有形体的变化，如大小、高低、粗细、曲直；有方向的变化，如正反、旋转、内外；有空间的变化，如前后、上下、左右；有色彩的变化，如深浅、浓淡等，都可产生多样化的视觉表现，如图 3-9 所示。

图 3-9

4．统一

统一是一种富有秩序的安排，体现了设计者把握整体画面美感的意图。在此，要强调平面设计中的统一，不是对二维平面上静止状态下多种要素机械而类似的重复，而是指多种相异的视觉要素之间的和谐相构。

5. 节奏

节奏是指基本形状有规律、反复地连续排列在一起所产生的形式感。由这些有秩序的变化中所产生的美感，会增强视觉刺激作用，从而提高人们的欣赏趣味。

6. 韵律

平面构成中单纯的单元组合重复易显得单调，而由有规律性变化的形象或色群以数比、等比处理等形式进行排列，则能产生类似音乐的旋律感，这便是画面中的韵律。

三、构成的形式

构成的形式主要有重复、近似、渐变、发射、特异、对比等。

1. 重复

重复的一般概念，是指在同一设计中，相同的形象出现过两次以上。重复是设计中比较常用的手法，以造成有规律的节奏感，并使画面统一，加深给人的印象。

重复的类型有基本形的重复；方向的重复；骨骼的重复（如图 3-10 所示）；形状的重复；大小的重复；色彩的重复；肌理的重复。

图 3-10

2. 近似

近似指的是在形状、大小、色彩、肌理等方面有着共同特征，表现了在统一中呈现生动变化的效果。近似的程度可大可小，如果近似程度大，便容易产生重复感，但近似程度小，则比较容易破坏画面的统一感。

近似的分类有形状的近似（如图 3-11 所示）和骨骼的近似。

图 3-11

3．渐变

渐变的分类有形状的渐变（如图 3-12 所示）；大小和间隔的渐变；方向的渐变；位置的渐变；虚实的渐变。

图 3-12

4．发射

发射的分类有离心式发射；向心式发射；同心式发射（如图 3-13 所示）；移心式发射；多心式发射。

图 3-13

5．特异

在自然界中，美的形式规律最常见的有两种：一种是有秩序的美，这在大自然中较为普遍；另外一种是打破常规的美。特异就是一种打破常规的美。

特异的分类有大小的特异；形状的特异；编排的特异（包括形的方向、位置的变化）；色彩的特异（如图 3-14 所示）；肌理的特异。

图 3-14

6．对比

对比有时是形态上的对比，有时是色彩和质感的对比。对比可产生明朗、肯定、强烈

的视觉效果，给人留下深刻的印象。在自然界充满了对比，如天地、陆海、红花绿叶都是对比的现象。构成对比的关系包括大小、明暗、锐钝、轻重等。

对比的分类如下。

（1）形状的对比：完全不同的形状固然产生一定的对比，但应该注意统一感，如图 3-15 所示。

图 3-15

（2）大小的对比：形状在画面中的面积大小不同，以及线的长短不同所形成的对比，如图 3-16 所示。

图 3-16

（3）曲直的对比：大面积曲线为主的造型和小面积直线为主的造型产生对比，或者大面积曲线为主的造型和小面积曲线为主的造型产生对比，如图 3-17 所示。

图 3-17

（4）肌理的对比：不同的肌理感觉，如粗细、光滑、纹理的凹凸感不同所产生的对比，如图 3-18 所示。

图 3-18

（5）位置的对比：画面中形状的位置不同，如上下、左右、高低、横竖等不同位置所产生的对比，如图 3-19 所示。

图 3-19

（6）重心的对比：重心的稳定或不稳定、轻重感不同所产生的对比，如图 3-20 所示。

图 3-20

（7）空间的对比：平面中的正负、图底、远近及前后感所产生的对比，如图 3-21 所示。

图 3-21

（8）虚实的对比：画面中有实感的图形称为实，空间是虚，虚的地方大多是底，如图 3-22 所示。

图 3-22

（9）疏密的对比：聚散就是利用基本形数量的多少，在排列方式上产生疏密、虚实、松紧的对比效果。密或疏的地方引人注目，常常成为设计的视觉焦点，如图 3-23 和图 3-24 所示。

图 3-23

需要注意的是，在对比的使用中，应注重统一的整体感，不同的视觉要素在设计上要体现整体、一致性的美感要求，在这个基础上做到有主有次，相互烘托，才有好的效果，同时也不能过分强调对比，如果处处对比，反而难以突出对比的效果。

图 3-24

任务五　网店产品图片色彩构成

【任务内容】

在所提供素材中选择一种产品，并分别完成下面 6 种色彩构成（也可以在网络上寻找产品图片）：

（1）饱和度对比；

（2）明度对比；

（3）冷暖对比；

（4）同类色对比；

（5）邻近色对比；

（6）补色对比。

【任务目标】

掌握网店产品图片色彩构成原理。

【任务要求】

1．尺寸：宽为 281 像素，高为 281 像素，分辨率为 72 像素 / 英寸，颜色模式为 RGB 颜色。

2．提交 PSD 和 JPG 格式。

任务六　网店版面色彩构成

【任务内容】

在所提供素材中选择一张图片，并分别完成下面 6 种色彩构成：

（1）饱和度对比；

（2）明度对比；

（3）冷暖对比；

（4）同类色对比；

（5）邻近色对比；

（6）补色对比。

【任务目标】

掌握网店版面色彩构成原理。

【任务要求】

1．尺寸：宽为 950 像素，高为 300 像素，分辨率为 72 像素 / 英寸，颜色模式为 RGB 颜色。

2．提交 PSD 和 JPG 格式文件。

【相关基础知识】

一、色彩的范畴

色彩分为无色彩与有色彩两大范畴。无色彩指无单色光，即黑、白、灰；有色彩指有单色光，即红、橙、黄、绿、蓝、紫，如图 3-25 所示。

图 3-25

二、色彩的三要素

色彩三要素分别指明度、色相和纯度。

1. 明度

在无色彩中，明度最高的色为白色，明度最低的色为黑色，中间存在一个从亮到暗的灰色系列。在彩色中，任何一种纯度的色彩都有自己的明度特征。例如，黄色为明度最高的色，紫色为明度最低的色。

2. 色相

色相是指色彩的相貌。

3. 纯度

纯度指的是色彩的鲜浊程度。混入白色，鲜艳度提高，明度变亮；混入黑色，鲜艳度降低，明度变暗；混入明度相同的中性灰时，纯度降低，明度没有改变。

三、色彩的心理感觉

不同的颜色会为浏览者带来不同的心理感受。

红色——是一种激奋的色彩。刺激效果强烈，能使人产生冲动、愤怒、热情和活力的感觉。

绿色——介于冷暖两种色系的中间，显得和睦、宁静、健康，给人安全的感觉，和金黄、淡白搭配，可以产生优雅、舒适的气氛。

橙色——也是一种让人感到兴奋的色彩，具有轻快、欢欣、热烈、温馨和时尚的效果。

黄色——具有快乐、希望、智慧和轻快的个性，明度最高。

蓝色——是最凉爽、清新、专业的色彩，和白色混合，能体现柔顺、淡雅及浪漫的气氛。

白色——具有洁白、明快、纯真和清洁的心理感觉。

黑色——具有深沉、神秘、寂静、悲哀与压抑的心理感觉。

灰色——具有中庸、平凡、温和谦让的特征，一般会给人带来中立和雅致的感觉。

上述每种色彩在饱和度、透明度上一旦略微变化，就会产生不同的感觉。以绿色为例，黄绿色有青春、旺盛的视觉意境，而蓝绿色则显得幽深、阴沉。

四、网页色彩搭配的原理

1. 色彩要鲜明

网页的色彩宜鲜艳，容易引人注目，如图 3-26 所示。

2. 色彩要独特

要有与众不同的色彩，使得大家对你的作品印象强烈。

3. 色彩要合适

色彩的使用应与所表达的内容气氛相适合，如用粉色来体现女性网站的温柔性。

图 3-26

4．色彩要具有联想性

不同色彩会令人产生不同的联想，蓝色容易使人想到天空，黑色容易使人想到黑夜，红色容易使人想到喜事等，选择色彩要和网页的内涵相关联。

五、色彩对比

1．色相对比

不同颜色并置，在比较中呈现色相差异，称为色相对比。

（1）邻近色相对比：在色环上顺序相邻的基础色相，如红与橙、黄与绿、橙与黄等色处于并置关系，便构成邻近色对比。这样的对比属色相弱对比，其特征是使画面具有明显的统一协调性，同时在统一中不失对比的变化，如图 3-27 所示。

图 3-27

（2）补色对比：在色环直径两端的为互补色。一对互补色并置在一起，可以使对方的色彩更加鲜明，如图 3-28 所示。

图 3-28

（3）类似色相对比：在色环上非常邻近的色，如暗红与玫瑰红这样的色相对比，是较弱的色相对比效果，如图 3-29 所示。

图 3-29

（4）冷暖色相对比：从色环上看，具有明显寒冷印象的色彩是蓝绿至蓝紫的色，其中蓝色为最冷的色；明显有暖和感的色是红紫至黄的色，其中红橙色为最暖的色。冷暖对比产生美妙、生动、活泼的色彩感觉。冷色与暖色能产生空间效果，暖色有前进感和扩张感，冷色有后退感和收缩感，如图 3-30 和图 3-31 所示。

图 3-30

图 3-31

2. 纯度对比

例如，一种鲜艳的红色与一种含灰的颜色并置，能比较出它们在鲜浊上的差异，称为纯度对比，如图 3-32 和图 3-33 所示。

图 3-32

图 3-33

3．明度对比

每一种颜色都有自己的明度特征。当对比时，视觉除了分辨出色相的不同，还会明显使人感觉到明暗的差异，这就是色彩的明度对比，如图 3-34 所示。

图 3-34

六、网店版面色彩搭配的技巧

1. 用一种色彩加以变化

这里是指先选定一种色彩，然后调整透明度或者饱和度（就是将色彩变淡或加深），以产生更为丰富的画面变化和美感。这样的页面看起来色彩统一，有层次感，如图 3-35 所示。

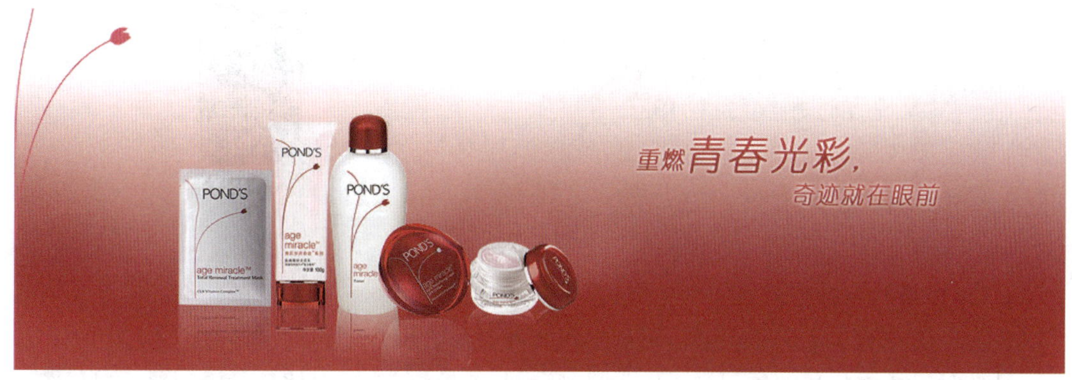

图 3-35

2. 用两种色彩进行对比

先选定一种色彩，然后选择它的对比色。这样的做法，可让整个页面色彩丰富但不花哨，如图 3-36 所示。

图 3-36

3. 用一个色系的色彩

例如，淡红、淡黄、淡绿、淡蓝，或者土黄、土灰、土蓝，如图 3-37 所示。

图 3-37

4. 用黑色和一种彩色对比

例如，大红的字体配黑色的边框感觉很“跳”。在网店配色时应注意，不要用太多颜色，设计时尽量控制在 3 种色彩以内，另外背景和主体元素的对比尽量要明显，以便突出主体内容，如图 3-38 所示。

图 3-38

拓展任务一　手和手表图片创意组合

要求：

1. 尺寸为宽 10 厘米，高 16 厘米，分辨率为 300 像素 / 英寸，模式为 RGB。
2. 使用素材 9 和素材 10 进行创意组合。最终效果如图 3-39 所示。

3．图片背景颜色自定。

4．保存 PSD 和 JPG 两种格式。

图 3-39

拓展任务二　服装人物图片创意组合

要求：

1．运用素材 11 ～素材 16 共 6 张图片分别进行规则式和自由式两种组合。素材如图 3-40 所示。

2．尺寸为宽 780 像素，高 1000 像素，分辨率为 72 像素 / 英寸，模式为 RGB。

3．图片背景色自定，可以添加文字。

4．保存为 PSD 和 JPG 两种格式。

素材 11　素材 12　素材 13

素材 14　素材 15　素材 16

（摄影师：谢文创　模特：欧阳丽欣）

图 3-40

项目四

网店版面设计与制作

通过完成本项目任务，重点学习网店版面设计与制作，培养网店版面编排设计技能，主要任务包括产品主图设计与制作、店内广告图设计与制作、直通车广告图设计与制作等。

本项目通过对6项具体任务的具体实践与分解，较为系统地讲述了网店版面设计与制作的实战过程和技能要点。除此之外，还在最后部分配套“网店平面广告设计基础”内容，向学习者讲解相关设计的理念原则和技术要求。

任务一　大牌推荐广告设计

【学习目标】

1．学会图片综合处理。

2．满版型构图（通栏型构图）。

3．学会对称式的图文编排。最终效果如图 4-1 所示。

（摄影 / 设计师：谢文创　模特：欧阳丽欣）

图 4-1

【设计分析】

1. 广告定位：大牌、时尚。
2. 广告创意策略：模特更好地展示服装之美，并以身体语言与目标消费者沟通。
3. 版面构图：满版型构图（通栏型构图）。
4. 图文编排形式：居中的编排，既有条理又有变化，打造高雅和大品牌的效果。
5. 版面构成形式：使用横竖对比、曲直对比。
6. 色彩应用：冷暖对比。
7. 粗线和细线的对比，增强版面的设计感。
8. 图像出血的处理，视觉冲击力强。
9. 透明效果的使用，使版面富有现代感。

【制作流程】

1. 人物图片修补。
2. 皮肤美化。
3. 嘴唇变色。
4. 眼白变色。
5. 色彩调整。
6. 图文编排。

【制作步骤】

STEP1　新建文件，宽度为1594像素，高度为2424像素，分辨率为72像素/英寸，颜色模式为RGB颜色，背景内容为白色，如图4-2所示。

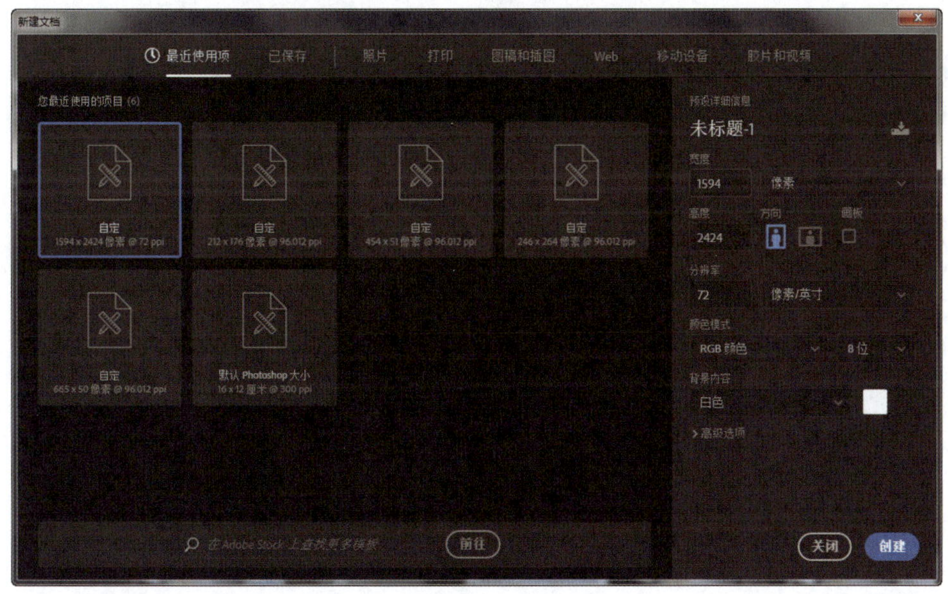

图 4-2

STEP2　打开图片 DSC_0905，选择移动工具，把鼠标指针放在标题栏位置，按住鼠标左键向下拖动。

STEP3　将鼠标指针放在图片上面，按住鼠标左键将图片拖动到所创建的文件中，并关闭图片文件 DSC_0905，如图 4-3 所示。

图 4-3

STEP4　选择“编辑”/“变换”/“缩放”命令，按住 Shift 键，把鼠标指针放在左上角的节点上，向下拖动，将图片缩到合适大小并双击，效果如图 4-4 所示。

图 4-4

STEP5　保存文件。按 Ctrl+Space 快捷键并单击，将图片放大；选择工具箱中的修补工具，一直按住鼠标左键，将模特眼睛下面需要修补的部分圈住，如图 4-5 所示。

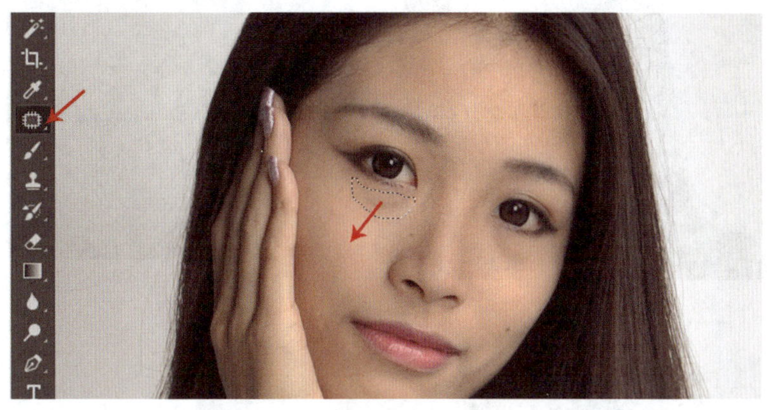

图 4-5

STEP6　将鼠标指针放在选区内部，按住鼠标左键向下拖动，修去眼睛下面的黑影。按照同样方法处理其他需要修补的地方。

温馨提示：按 Alt+Space 快捷键并单击，可将图片缩小，按住 Space 键拖动并单击，可移动图片。

STEP7　复制“图层 1”，生成“图层 1 副本”；选择“图层 1 副本”图层，选择“滤镜”/“模糊”/“高斯模糊”命令，在弹出的“高斯模糊”对话框中设定参数为 2.0，如图 4-6 所示。

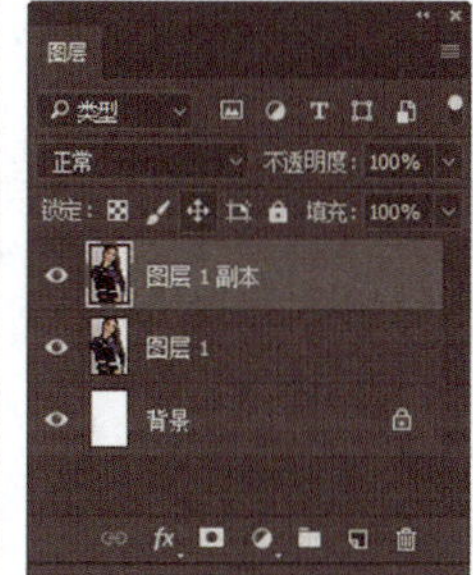

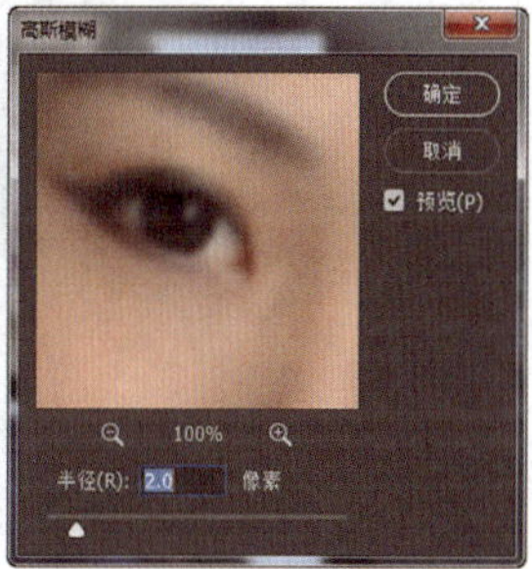

图 4-6

STEP8　单击“图层”面板下方的“添加图层蒙版”按钮，产生一个“图层蒙版”图层，如图 4-7 所示。

STEP9　设定前景色为黑色，选择工具箱中的画笔工具，设定画笔属性，大小设为 55 像素，硬度设为 0%。

STEP10　用画笔工具在皮肤以外的地方涂抹（可根据需要不断调整画笔大小），直到整体美化为止，如图 4-8 所示。

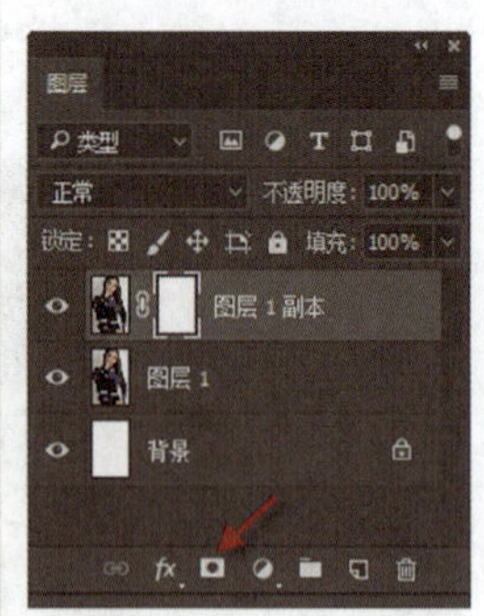

图 4-7

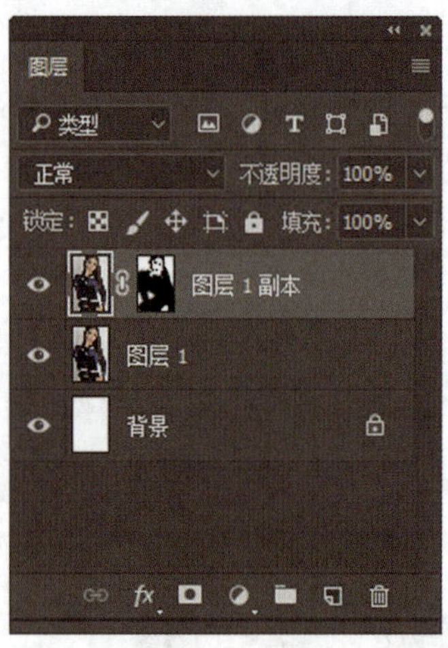

图 4-8

温馨提示：画笔可结合属性中的不透明度设定，用来处理图层蒙版；如处理失误，可设置前景色为白色，用画笔还原处理前的状态。

STEP11　选择钢笔工具，在属性栏中单击“路径”按钮，如图 4-9 所示。

图 4-9

STEP12　用钢笔工具绘制嘴唇路径，打开“路径”面板，按住鼠标左键，单击“路径”面板右上角的小三角形按钮，在弹出的列表框中选择“保存路径”。

STEP13　单击“路径”面板上的“将路径作为选区载入”按钮，如图 4-10 右边小图所示。选择“选择”/“修改”/“羽化”命令，设定羽化参数为 3，选区效果如图 4-10 左边小图所示。

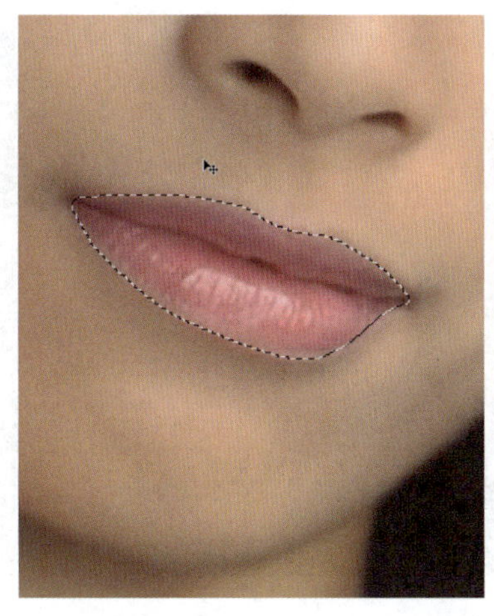

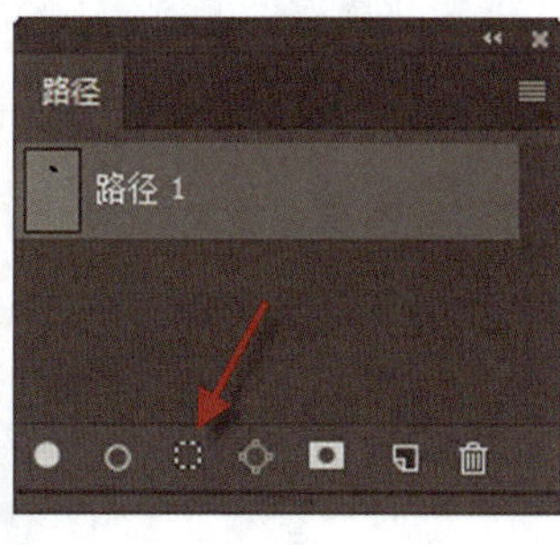

图 4-10

STEP14　选择“图层 1”，按 Ctrl+C 和 Ctrl+V 快捷键复制嘴唇，用移动工具将图层移到“图层 1 副本”图层上面。

STEP15　在“图层”面板上设定图层模式为“颜色加深”，不透明度为 50%，如图 4-11 所示。

图 4-11

STEP16　选择“编辑”/“变换”/“变形”命令，拖动右上角节点；选择移动工具，单击应用，使加深后的轮廓更加自然，如图 4-12 所示。

温馨提示：如果轮廓不自然，可在图层上添加图层蒙版，设定前景色为黑色，用画笔来处理边缘不自然的地方。

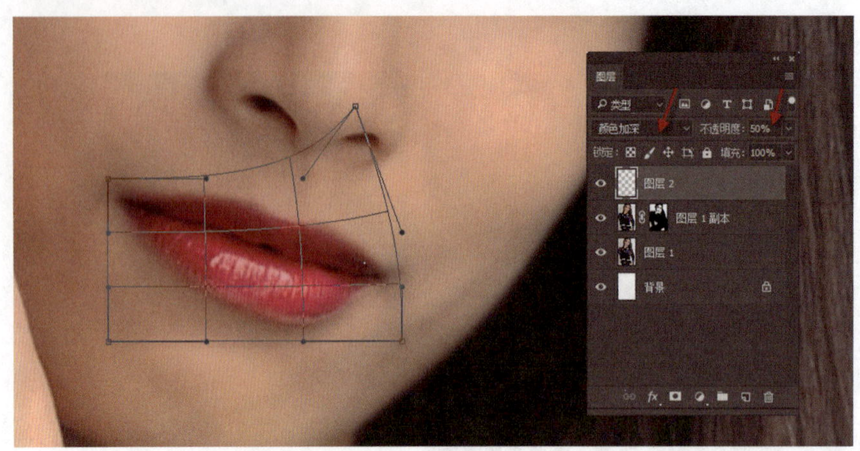

图 4-12

STEP17 新建“图层 3”，选择画笔工具，设定前景色为白色，画笔大小为 9 像素，硬度为 0%；放大图像，在眼白处涂抹，如图 4-13 所示。

图 4-13

STEP18 在“图层”面板中单击“添加图层蒙版”按钮，设定不透明度为 17%；选择画笔工具，设定前景色为黑色，处理轮廓，如图 4-14 所示。

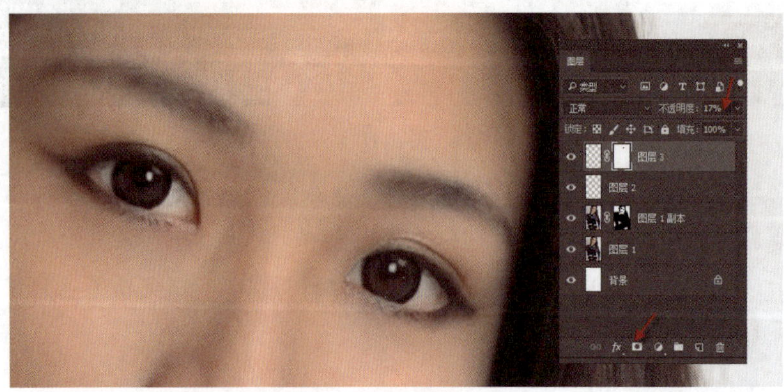

图 4-14

STEP19 在“图层”面板中单击“创建新的填充或调整图层”按钮，在弹出的菜单中选择“色阶”命令，单击“自动”按钮，如图 4-15 所示。

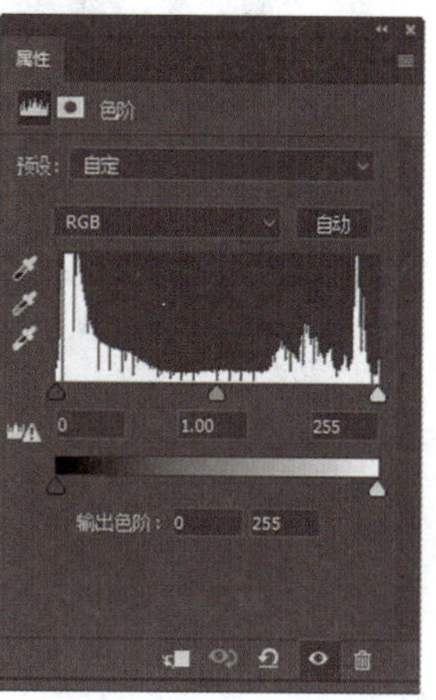

图 4-15

STEP20 在“图层”面板中单击“创建新的填充或调整图层”按钮，在弹出的菜单中选择“曲线”命令，调整曲线，如图 4-16 所示。

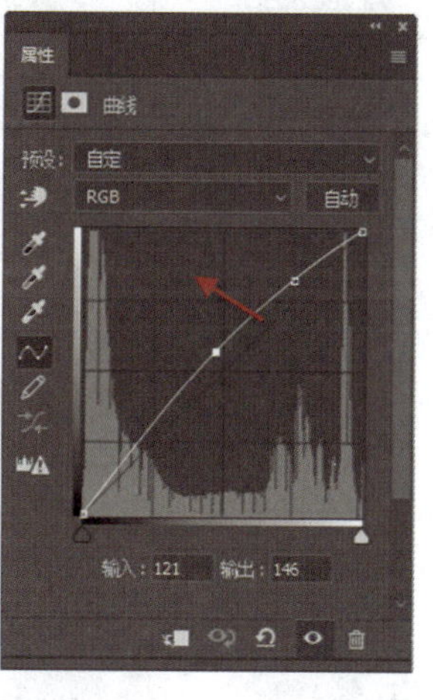

图 4-16

STEP21 保存图片。结果如图 4-17 所示。

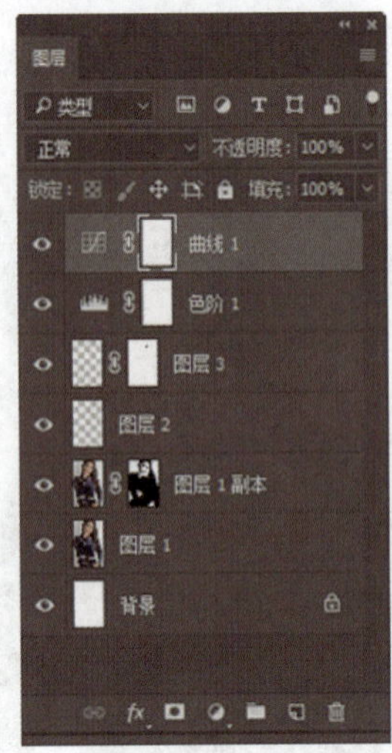

图 4-17

STEP22　新建“图层 4”，设定前景色为白色，选择矩形工具，设定属性，并在属性栏中单击“像素”按钮，绘制白色矩形，如图 4-18 和图 4-19 所示。

图 4-18

图 4-19

STEP23　选择移动工具，调整白色矩形位置，并在“图层”面板中设定不透明度为 80%。

STEP24　选择文字工具，分别输入“一周精选”“大牌推荐”“THAT’S NEW”，文字色彩设为 #1c1f5f。

STEP25　新建“图层 5”，设定前景色为 #1c1f5f，选择直线工具，单击“填充像素”按钮，设定粗细为 4 像素，如图 4-20 所示。按住 Shift 键，向右水平拉出线条。

图 4-20

STEP26　选择移动工具，并分别选中白色矩形、文字和线条图层，单击“水平居中对齐”按钮，如图 4-21 所示，效果如图 4-22 所示。

图 4-21

图 4-22

STEP27　使用移动工具仔细调整以上几个图层的位置并保存。

任务二　包包直通车广告图设计

【学习目标】

学会图片综合处理及“直通车”图文编排技巧。最终效果如图 4-23 所示。

图 4-23

【设计分析】

1. 广告风格定位：简约时尚。

2. 广告创意策略：直接展示。

3. 版面构图：中心型构图，简洁大方，如图 4-24 所示。

图 4-24

4. 图文编排形式：集装箱式文字编排。

5. 版面构成形式：横竖对比。

6. 色彩应用：同类色对比。鲜艳色块的使用，增强版面的视觉冲击力，使版面更富有现代感。

【制作流程】

1. 包包色彩调整。

2．抠图。

3．包包修补。

4．投影制作。

5．图形色块制作。

6．图文编排。

【制作步骤】

STEP1　打开图片 DSC_5462，在“图层”面板中单击“创建新的填充或调整图层”按钮，选择并调整曲线，如图 4-25 所示，效果如图 4-26 所示。

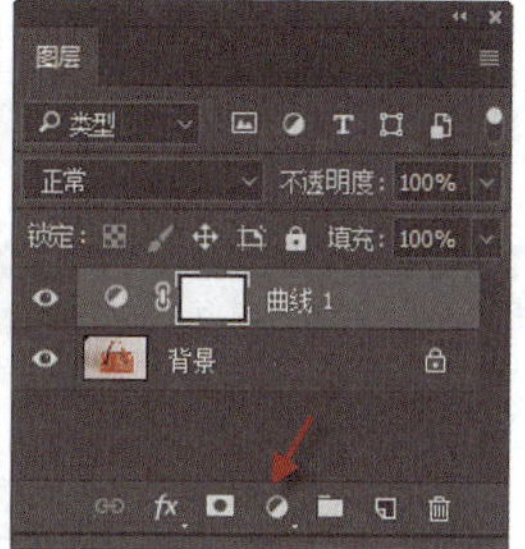

图 4-25

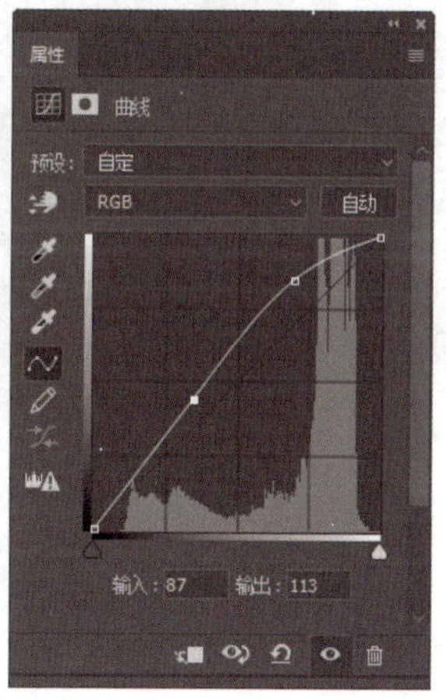

图 4-26

STEP2　按 Shift+Ctrl+Alt+E 组合键盖印图层，产生“图层 1”，如图 4-27 所示。

图 4-27

STEP3 选择钢笔工具，在属性栏中单击“路径”按钮，如图 4-28 所示。

图 4-28

STEP4 使用钢笔工具绘制包包外轮廓路径，如图 4-29 所示。

图 4-29

STEP5 在属性栏中单击“从路径区域减去”按钮，如图 4-30 所示。用钢笔工具绘制包包提口内轮廓路径，如图 4-31 所示

图 4-30

图 4-31

STEP6　打开“路径”面板，单击右上角的小三角形按钮，在弹出的菜单中选择“存储路径”命令。

STEP7　选择“路径”面板中的“路径 1”，单击“将路径作为选区载入”按钮，如图 4-32 所示。

图 4-32

STEP8　选择“图层 1”，按 Ctrl+C 和 Ctrl+V 快捷键，复制包包。

STEP9　单击“图层”面板上的眼睛图标，隐藏“图层 2”下面的图层，查看包包去底的效果，如图 4-33 所示。

STEP10　新建文件，设定宽度为 800 像素，高度为 800 像素，分辨率为 72 像素 / 英寸，色彩模式为 RGB 颜色，背景内容为白色。

STEP11　选择移动工具，把鼠标指针放在标题栏位置，按住鼠标左键向下拖动。

STEP12　将鼠标指针放在图片上面，按住鼠标左键，将图片拖动到刚创建的文件中，并关闭 DSC_5462 图片文件。

图 4-33

STEP13　选择“编辑”/“变换”/“缩放”命令，按住 Shift 键，把鼠标指针放在缩放控制框的右上角节点上，向下拖动，将图片缩到合适大小并双击，如图 4-34 所示。

图 4-34

STEP14　按 Ctrl+Space 快捷键并单击，放大图像，单击“图层”面板上的“锁定透明像素”按钮，如图 4-35 所示。

图 4-35

STEP15　选择仿制图章工具，设定画笔大小为 20 像素，硬度为 0%，按 Alt 键，在包包提手处略显脏的线条附近单击，放开 Alt 键，再在该线条上单击，如图 4-36 所示。

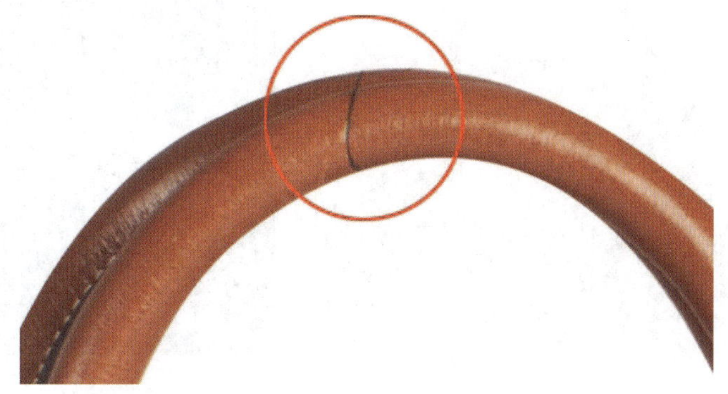

图 4-36

STEP16　使用同样的方法修补其他杂边，使包包图片更加完美。

STEP17　制作包包投影。选择移动工具，选择“图层 1”，按住鼠标左键，将“图层 1”拖动到“新建图层”按钮上面，复制图层，如图 4-37 所示。

图 4-37

STEP18　选择“图层 3”，选择“编辑”/“变换”命令，垂直翻转“图层 3”。用移动工具调整“图层 3”的位置。

STEP19　单击“图层”面板下方的“添加图层蒙版”按钮，产生一个“图层蒙版”图层。

STEP20　设定前景色为黑色，选择工具箱中的透明渐变工具，处理图层 3 的蒙版，如图 4-38 和图 4-39 所示。

图 4-38

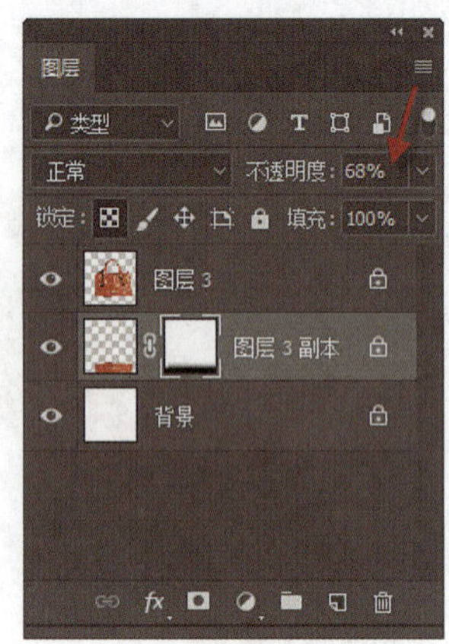

图 4-39

STEP21　新建“图层 4”，选择工具箱中的矩形选框工具，在包包下面建立一个选区，设定前景色为 #ff0000，填充前景色，效果如图 4-40 所示。

图 4-40

STEP22　选择工具箱中的自定形状工具，单击“形状图层”按钮，选择箭头 12（先在属性栏中设定“形状”/“全部”/“追加”），在画布中绘制箭头，如图 4-41 和图 4-42 所示。

图 4-41

图 4-42

STEP23　选择“编辑”/“自由变换”命令，按住 Shift 键，改变箭头的方向，如图 4-43 所示。

图 4-43

STEP24　选择文字工具，输入“头层牛皮 7 天退换货 100% 好评”文字，字体为“方正大标宋 _GBK”，大小为 45.6 点，颜色为白色；使用文字工具选中“100% 好评”文字，字体颜色改为 #ffee00，如图 4-44 所示。

图 4-44

STEP25 单击属性栏中的“切换字符和段落”按钮，选中文字，在“字符”面板中设定字符间距为 -50，如图 4-45 所示，效果如图 4-46 所示。

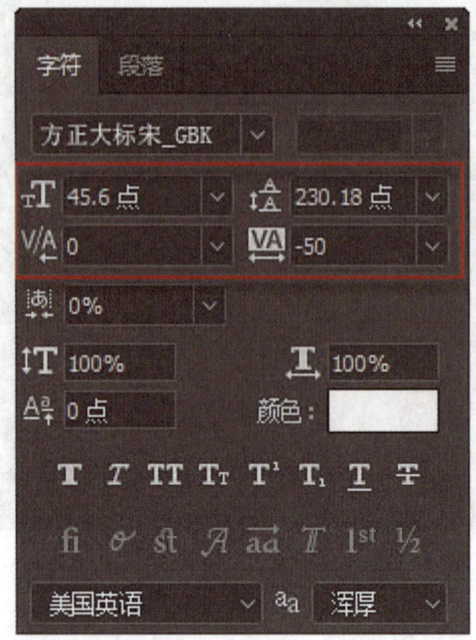

图 4-45

图 4-46

STEP26 选择文字工具，输入“限时亏本”文字，字体为“方正大黑体”，大小为 43.7 点，颜色为白色。

STEP27 双击“图层”面板中的“限时亏本”文字图层，弹出“图层样式”对话框，选中“投影”复选框，设定投影参数，如图 4-47 所示。

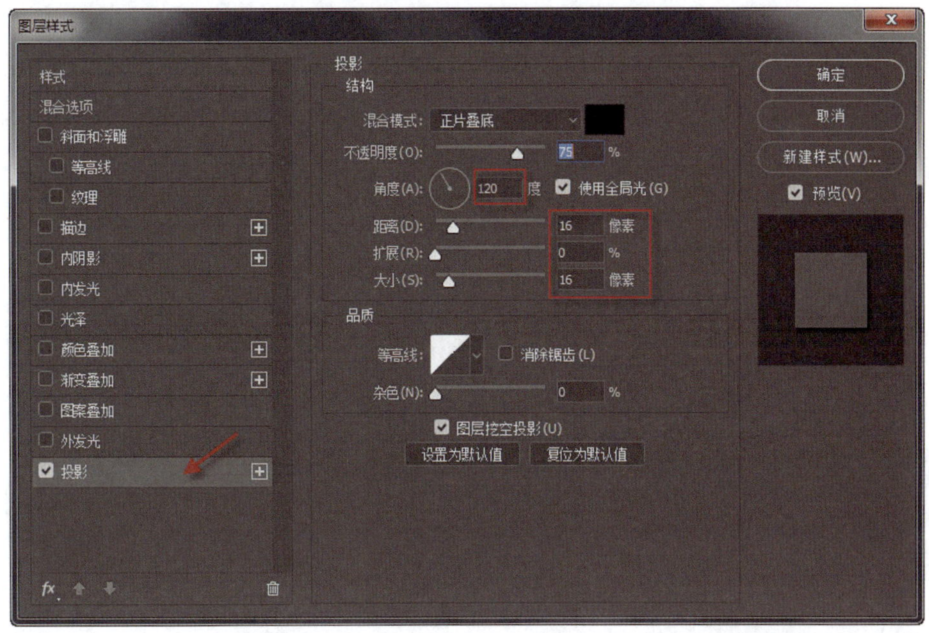

图 4-47

STEP28　选择文字工具，输入“秒杀”文字，字体为“方正大标宋_GBK”，大小为 66.9 点，颜色为 #ffee00，如图 4-48 所示。

图 4-48

STEP29　双击“图层”面板中的“秒杀”文字图层，弹出“图层样式”对话框，选中“投影”复选框，设定投影参数，如图 4-49 所示。

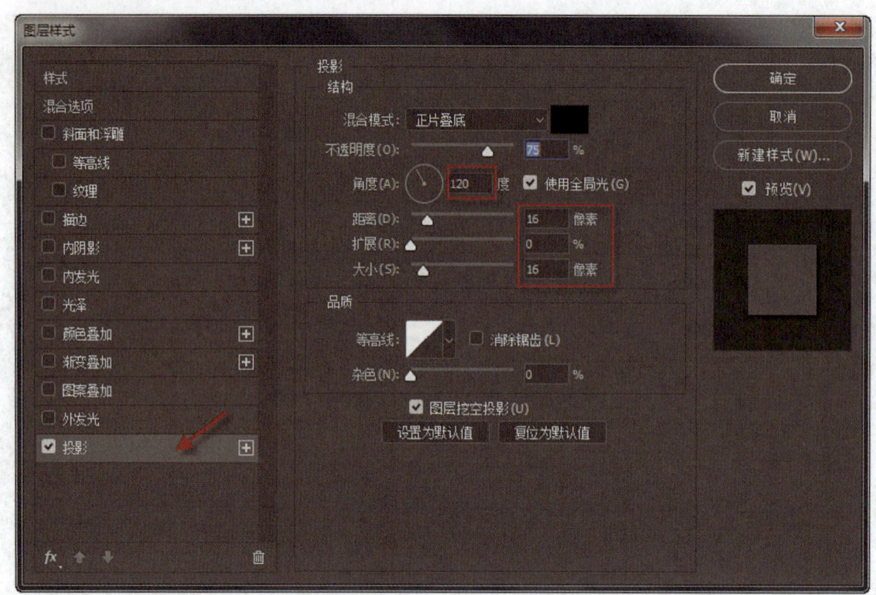

图 4-49

STEP30　按 Ctrl+T 快捷键，拖动中间节点将箭头变宽，如图 4-50 所示。

图 4-50

STEP31　选择文字工具，输入“原价：420”文字，字体为“Adobe 黑体 Std”，大小为 24 点，颜色为黑色。

STEP32　选择文字工具，分别输入“89”和“¥”，字体为“Adobe 黑体 Std”，大小分别为 89 点和 40 点，颜色为 #ff0000。

STEP33　双击“图层”面板中的“89”文字图层，弹出“图层样式”对话框，选中“投影”复选框，设定投影参数，如图 4-51 所示。继续选中“描边”复选框，设定描边参数如图 4-52 所示。

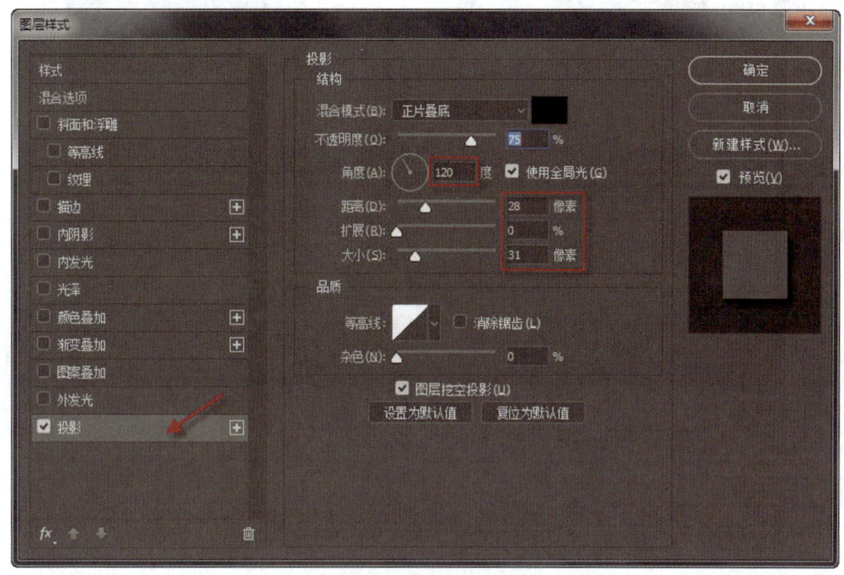

图 4-51

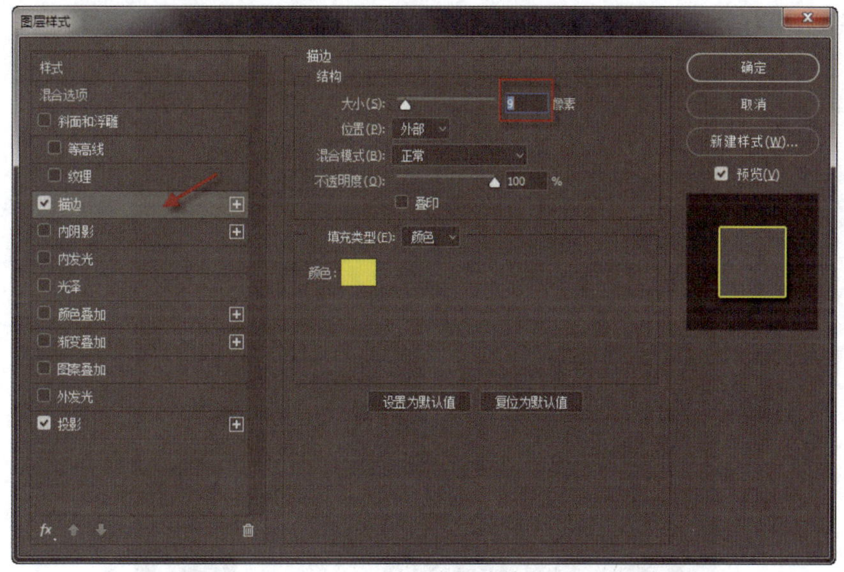

图 4-52

STEP34　选择“89”文字图层，右击，在弹出的快捷菜单中选择“拷贝图层样式”命令，再右击“¥”文字图层，在弹出的快捷菜单中选择“粘贴图层样式”命令。

STEP35　调整其他图层位置，存储文件。最终效果如图 4-53 所示。

图 4-53

任务三　日韩女包直通车广告图设计

【学习目标】

学会运用曲直对比，学习九宫格构图。最终效果如图 4-54 所示。

（摄影 / 设计师：谢文创 / 朱荣　模特：谭菲）

图 4-54

【设计分析】

1．广告定位：日韩时尚。

2．广告创意策略：日韩名模策略。

3．版面构图：九宫格构图，如图 4-55 所示。

图 4-55

4．版面构成形式：曲直对比。

5．色彩应用：应用饱和度对比，突出产品主体；以低调为主调，版面层次感强。

【制作步骤】

STEP1　打开 Photoshop CC 2017，按 Ctrl+N 快捷键，新建文件，宽为 800 像素，高为 800 像素，分辨率为 72 像素 / 英寸，颜色模式为 RGB 颜色。

STEP2　选择渐变工具，在工具属性栏处选择径向渐变，如图 4-56 所示。

图 4-56

STEP3　设定前景色为 #50332d，背景色为 #251c17，新建“图层 1”，从中间向边缘拉出渐变效果，如图 4-57 所示。

STEP4　导入包包模特素材图，按 Ctrl+T 快捷键，缩放图片到合适大小，调整模特图位置，使包包位于图片正中间，如图 4-58 所示。

STEP5　选择文字工具，在右上角输入促销主题“名包 3 折”，字体选择“造字工房尚雅体演示版”，设定“名包”两字大小为 24 号，“3 折”两字大小为 42 号；颜色设定为 #fffd68，并设定文字为斜体，如图 4-59 所示。

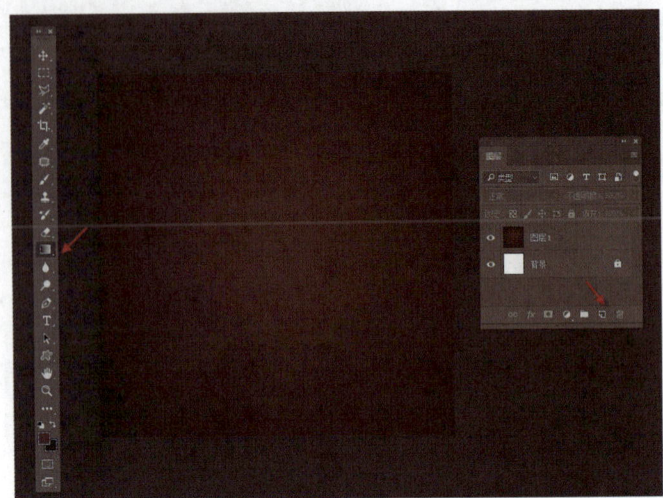

图 4-57

图 4-58

图 4-59

STEP6　双击“名包 3 折”图层右侧空白处，如图 4-60 所示，弹出“图层样式”对话框。

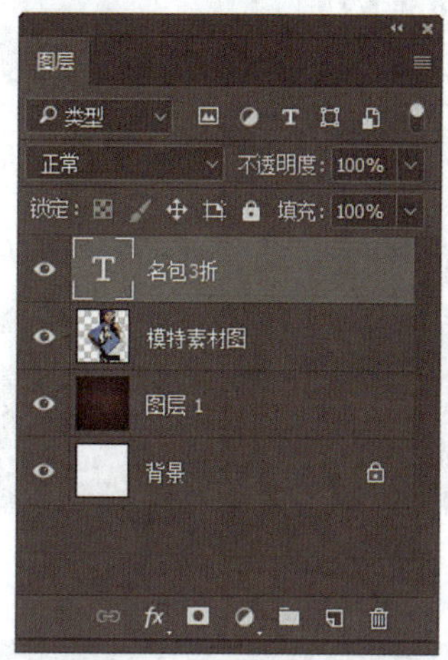

图 4-60

STEP7　在弹出的“图层样式”对话框中选中“描边”复选框，调整数值，单击“确定”按钮，如图 4-61 所示。

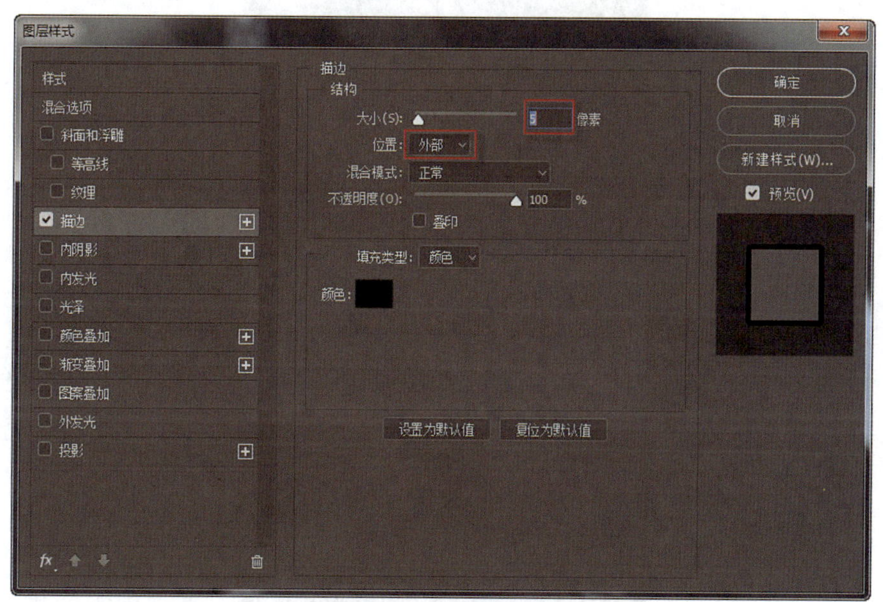

图 4-61

STEP8　选择文字工具，输入“ORIMEI 日韩”字样，其字体选择为 ORIMEIMicrosoft Sans Serif，“日韩”两字字体为“微软雅黑”，大小为 18 号，颜色为 #ffffff，放置于“名包 3 折”文字下面，如图 4-62 所示。

STEP9　导入价格标签素材，放置于文字组合下面，如图 4-63 所示。

图 4-62

图 4-63

STEP10　选择文字工具，输入价格“¥158”，字体为“造字工房尚雅体演示版”，“¥”字样的字号为20号，“158”的字号为36号，颜色为#000000，设定为斜体，如图4-64所示。

图 4-64

STEP11　选择“编辑”/“变换”/“旋转”命令，将鼠标指针移到矩形框右上角节点，待鼠标指针变成弯的箭头状时移动鼠标，对文字进行旋转，如图 4-65 所示。

图 4-65

STEP12　采用同样的方法，在价格标签中输入“抢购”字样，最终组合效果如图 4-66 所示。

图 4-66

STEP13　选择文字工具，输入英文“HOT SALE”，字体为 Didot，字号为 57，颜色为 #000000，字体设为斜体，不透明度为 80%，如图 4-67 所示。

STEP14　复制“HOT SALE”字样的文字图层，生成“HOT SALE”图层副本，选择“编辑”/“变换”/“垂直翻转”命令，将图层副本移动到“HOT SALE”的文字图层下面，如图 4-68 所示。

STEP15　选择“HOT SALE”的图层副本，单击“添加图层蒙版”按钮，如图 4-69 所示。

图 4-67

图 4-68

STEP16　选择渐变工具，设置前景色为黑色，单击属性栏中的渐变图标，出现渐变编辑器后，选择“前景色到透明渐变”，如图 4-70 所示。

图 4-69

图 4-70

STEP17　选中“HOT SALE”字样的图层副本，自下而上拉出渐变效果，如图 4-71 所示。

图 4-71

STEP18　存储文件。最终完成的效果如图 4-72 所示。

图 4-72

任务四　包包网店“双十一”横幅海报设计

【学习目标】

1．学会运用曲直对比。

2. 学习集装式文字编排。最终效果如图 4-73 所示。

图 4-73

【设计分析】

1. 广告风格定位：吉祥喜庆、高品质。

2. 广告创意策略：直接展示。

3. 版面构图：中心型构图。

4. 版面构成形式：曲直对比，直线为主，曲线为辅。

5. 图文编排形式：集装式文字编排，版面整体感强。

6. 色彩应用：同类色对比，红色和黄色对比，给人一种吉祥喜庆的感觉，同时，版面色彩层次感强。第 1 层，大面积暗红色；第 2 层，小面积鲜红色；第 3 层，小面积橘黄色；第 4 层，小面积白色和纯黄色。

7. 点状纹理，能够衬托主体文字和产品，丰富版面内容，增强版面形式感，使版面充满现代感。

8. 光影效果的处理，塑造高品质的品牌形象，同时使版面充满生气。

【制作步骤】

STEP1 收集红色背景图，如图 4-74 所示。

图 4-74

STEP2 打开素材 1，如图 4-75 所示。

图 4-75

STEP3　将素材下部分删除，如图 4-76 和图 4-77 所示。

图 4-76

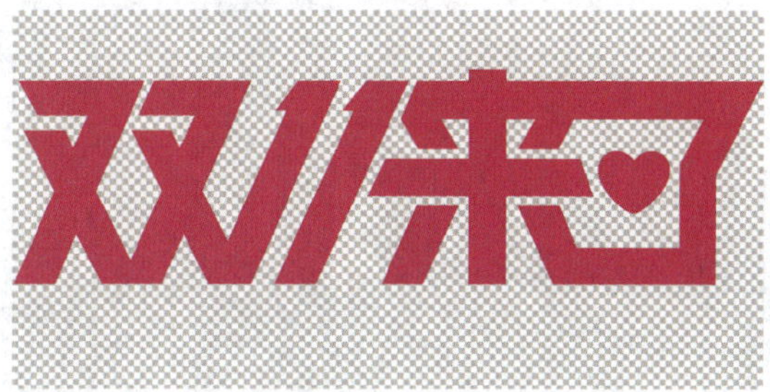

图 4-77

STEP4　新建空白图层，按住 Ctrl 键，单击素材 1 获得选区，并隐藏素材 1，如图 4-78 所示。

图 4-78

STEP5 分别设置前景色和背景色，详细参数如图 4-79 和图 4-80 所示。

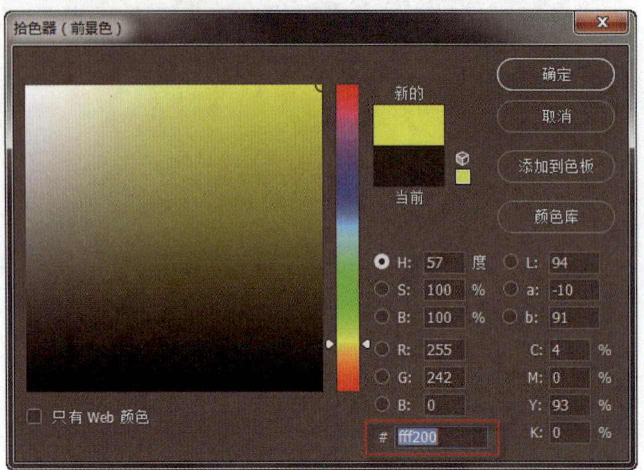

图 4-79

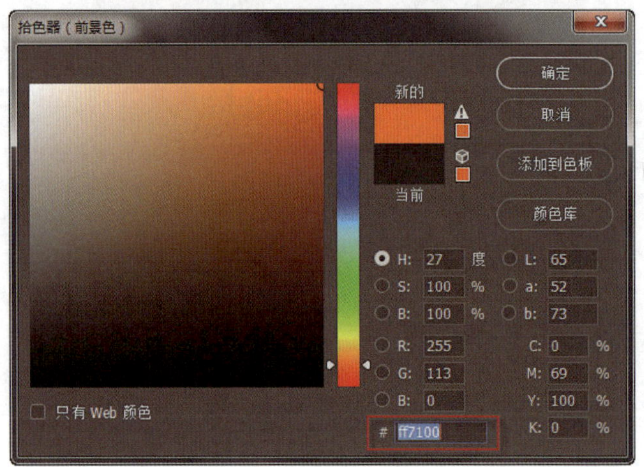

图 4-80

STEP6 在选区内填充从下到上渐变，效果如图 4-81 所示。

图 4-81

STEP7 取消选区，设置样式效果，参数如图 4-82 和图 4-83 所示。

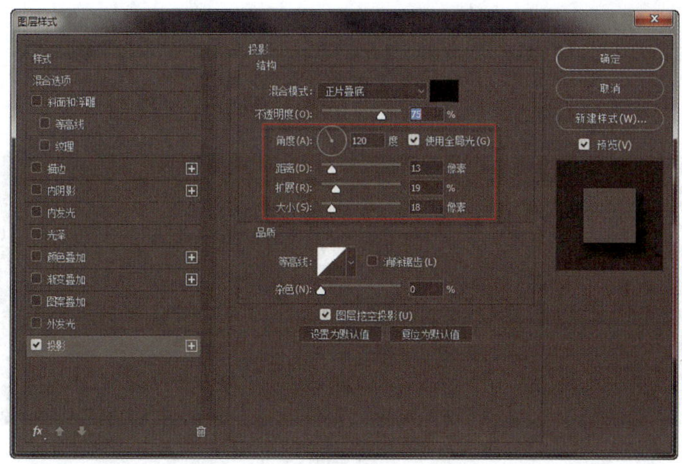

图 4-82

图 4-83

STEP8　将素材 1 放置到红色背景图中，并拖出两条参考线，把素材 1 放到相应位置上，如图 4-84 所示。

图 4-84

STEP9　在素材 1 下面用文字工具编辑促销标语，如图 4-85 所示。

图 4-85

STEP10　选择矩形工具，绘制一个长方形，并按 Ctrl+T 快捷键变换，将鼠标光标放到矩形下面的边框内，接着按住 Shift+Ctrl 快捷键，并分别拉动长方形左上角节点和右上角节点，变换平行四边形，如图 4-86 所示。最后双击鼠标左键。

图 4-86

STEP11　选择文字工具，颜色参数设置如图 4-87 所示，然后在平行四边形内编辑小标语，效果如图 4-88 所示。

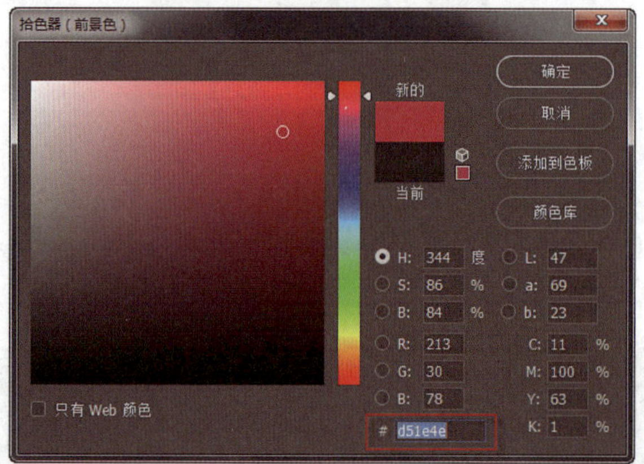

图 4-87

图 4-88

STEP12　将优惠券素材放到标语下面，如图 4-89 所示。

STEP13　新建一个图层，按住 Ctrl 键，单击“优惠券”图层，载入选区，然后按 Shift+F6 快捷键调出“羽化选区”对话框，设定羽化半径为 3 像素，如图 4-90 所示。

图 4-89

图 4-90

STEP14　按 Alt+Backspace 快捷键填充选区，并将该图层移到“优惠券”图层下面。再按 Ctrl+T 快捷键变换选区，如图 4-91 所示。

图 4-91

STEP15　打开皮包素材，并将其拖到前面画布中，调好位置后制作出皮包阴影，方法同上，效果如图 4-92 ～图 4-94 所示。

图 4-92

图 4-93

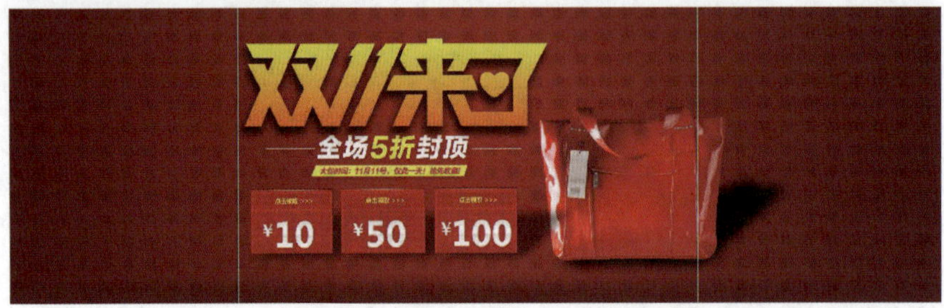

图 4-94

STEP16 打开“狂售”素材，将其放置在皮包上方，如图 4-95 所示。

图 4-95

STEP17 在背景图上方新建一个空白图层，设定前景色为黄色，选择渐变工具，在渐变编辑器中选择“从前景色到透明”渐变模式，并在属性栏中设定“径向渐变”；在“双11来了”字样的位置制作渐变，增加版面光感，最终效果如图 4-96 所示。

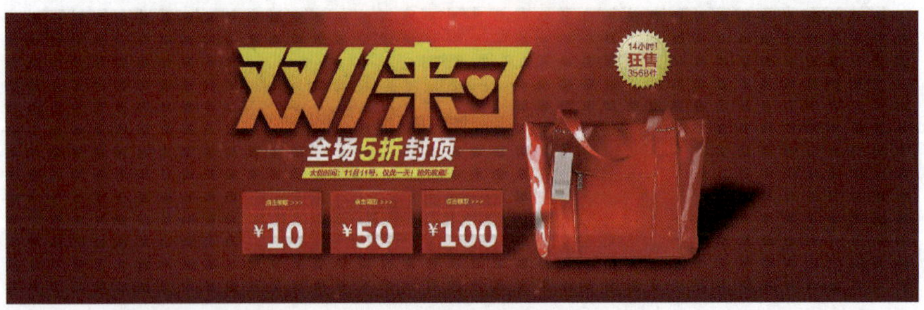

图 4-96

任务五 网店海报广告设计

【学习目标】

1. 学会运用曲直对比。
2. 学习自由型构图。最终效果如图 4-97 所示。

（摄影 / 设计师：谢文创 模特：欧阳丽欣）

图 4-97

【设计分析】

1. 广告定位：高雅、时尚。
2. 广告创意策略：名人效应，利用模特的身体语言与目标消费者沟通。
3. 版面构图：自由型构图，产品自由摆放，版面轻松自由。
4. 版面构成形式：曲直对比，曲线为主，直线为辅。
5. 图文编排形式：文字在图片上面，图片为主。

6. 色彩应用：冷暖对比。色彩层次感强，红色、黄色和蓝色产生对比，黑白色彩调和版面。白色背景能够塑造高雅时尚的风格。

【制作步骤】

STEP1　新建文件，设定宽度为 950 像素，高度为 622 像素，分辨率为 72 像素 / 英寸，颜色模式为 RGB 颜色，背景色为白色，如图 4-98 所示。

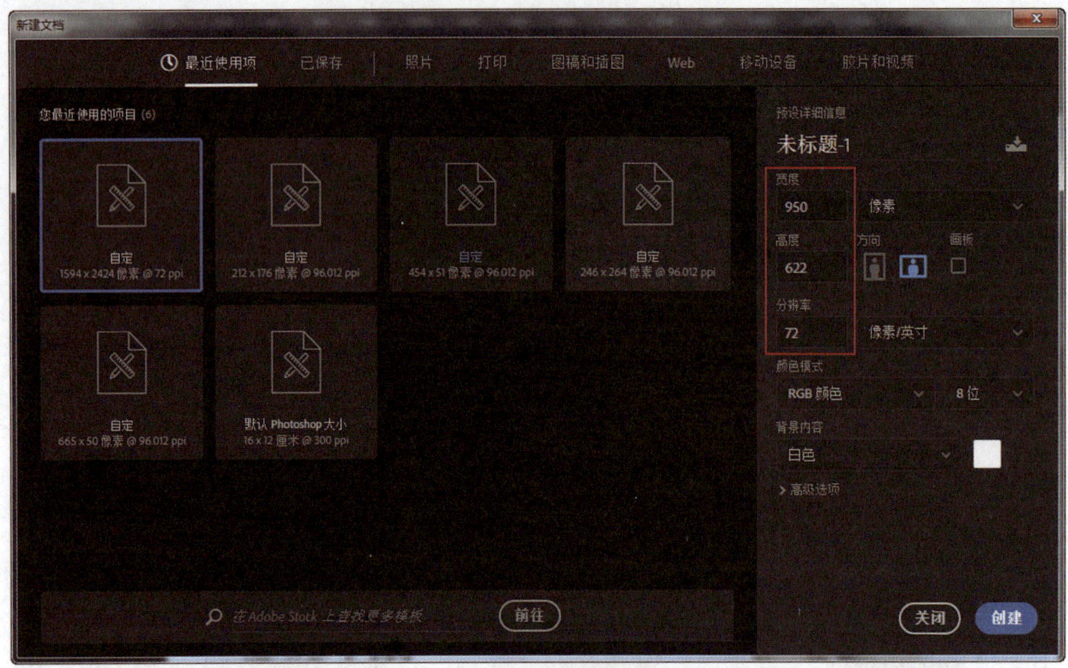

图 4-98

STEP2　将女模特、戒指、女包、女鞋等素材拖入画布中，并进行摆放，如图 4-99 所示。

图 4-99

STEP3　选中女模特图层，单击“图层”面板下方的“添加图层蒙版”按钮；设置前景色为黑色，用画笔工具处理模特周围灰色背景，如图 4-100 所示。

图 4-100

STEP4　对人物进行亮度调节。单击“图层”面板下方的“创建新的填充或调整图层”按钮，在弹出的菜单中选择“曲线”命令，输入如图 4-101 所示的数值，效果如图 4-102 所示。

图 4-101　　图 4-102

STEP5　加入文字和线条，最终效果如图 4-103 所示。

图 4-103

任务六　女装网店海报广告设计

【学习目标】

1. 学会运用曲直对比。
2. 学习左右型构图。
3. 学习文字编排。最终效果如图 4-104 所示。

（摄影 / 设计师：谢文创　模特：谢树丹）

图 4-104

【设计分析】

1. 广告定位：高雅、时尚。

2．广告创意策略：名人效应，利用模特的身体语言与目标消费者沟通。

3．版面构图：左右型构图。

4．版面构成形式：大小对比 / 曲直对比。右边特写模特与左边半身模特产生大小对比；两边模特所显示图形曲线与中间直线文字产生曲直对比。

5．图文编排形式：文字在中间，图片在两边，文字排列节奏感强。

6．色彩应用：同类色对比。

【制作步骤】

STEP1　新建文件，设定宽度为 1540 像素，高度为 771 像素，分辨率为 72 像素 / 英寸，颜色模式为 RGB 颜色，如图 4-105 所示。

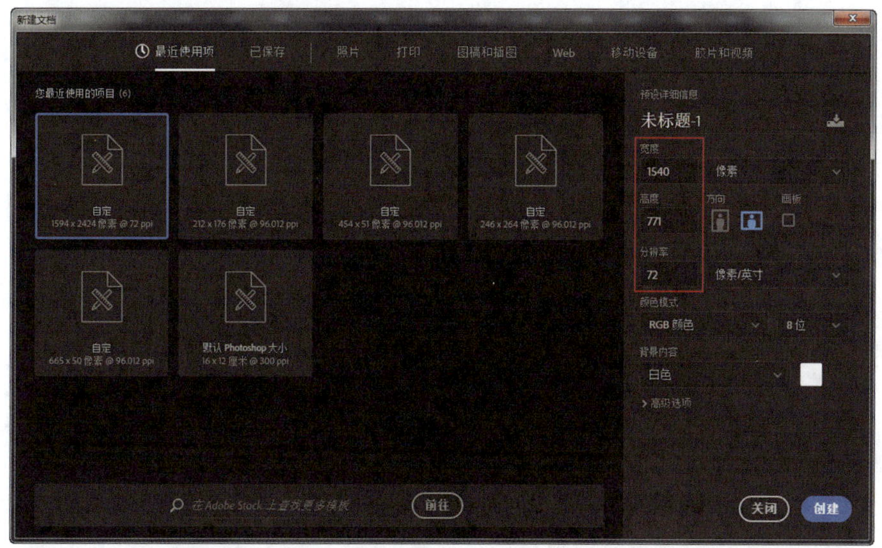

图 4-105

STEP2　将两幅女模特素材图片拖入主画面中，摆放在合适位置，如图 4-106 所示。

图 4-106

STEP3　按 Shift+I 快捷键，使用吸管工具吸取左边女模特图边界颜色，如图 4-107 所示。

图 4-107

STEP4　选择“背景”图层，按 Shift+F5 快捷键，弹出如图 4-108 所示面板，单击“确定”按钮，将背景图层填充。

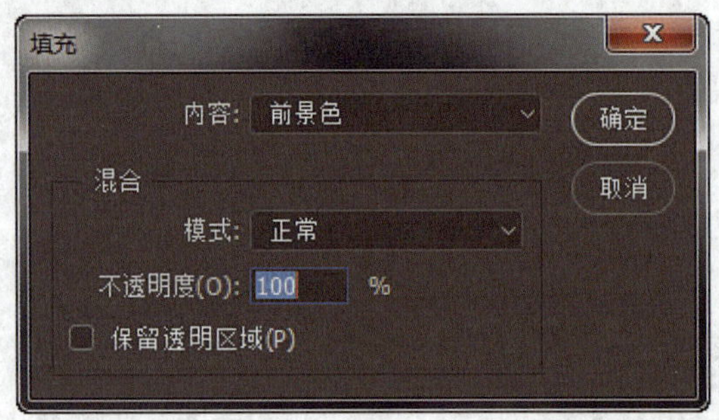

图 4-108

STEP5　填充后可以看到背景几乎是一体颜色，如图 4-109 所示。

图 4-109

STEP6　选择“图层 1”，单击“创建图层蒙版”按钮，再设置前景色为黑色，使用画笔工具处理“图层 1”边缘痕迹，效果如图 4-110 所示。

图 4-110

STEP7　选择“图层 2 副本”，选择“高斯模糊”功能，设置模糊数值为 5，如图 4-111 所示。

图 4-111

STEP8　接下来选择“图层 2 副本”，创建图层蒙版，如图 4-112 所示。

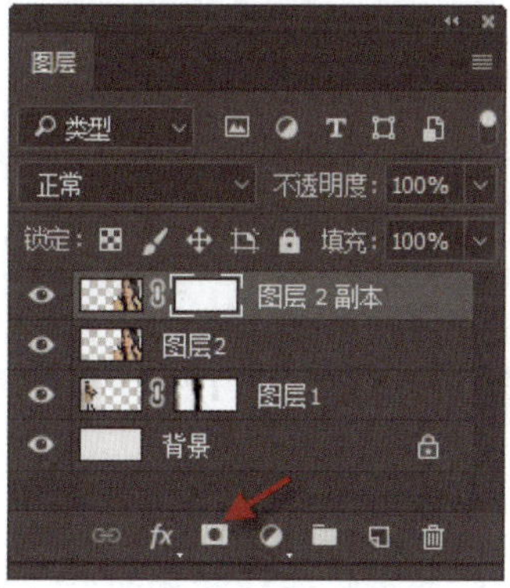

图 4-112

STEP9 设置前景色为黑色，使用画笔工具对脸部的皮肤进行涂抹（注意不要涂抹到五官），如图 4-113 所示。

图 4-113

STEP10 加入文字，注意字体、大小、字距、行距的变化，如图 4-114 所示。

图 4-114

STEP11 存储文件。

拓展任务一　裙子直通车广告图设计

要求：

1. 使用修补工具或仿制图章工具对素材 17 进行修补。素材 17 如图 4-115 所示。
2. 使用“高反差保留”对产品图片进行磨皮。
3. 可以在图片中增加标志、促销文字和色块。
4. 使用裁剪工具分别对素材 17 进行裁切，裁切尺寸为宽 800 像素，高 800 像素，分辨率为 72 像素 / 英寸，模式为 RGB。

5．保存为 PSD 和 JPG 两种格式。

素材 17

（摄影师：谢文创 模特：谢泽杭）

图 4-115

拓展任务二 毛衫马甲橱窗主图设计

要求：

1．使用修补工具和仿制图章工具分别对素材 18 ～素材 22 进行修补。素材 18 ～素材 22 如图 4-116 所示。

2．可以在图片中增加标志、促销文字和色块。

3．第 5 张图片必须是平铺白底图。

4．使用裁剪工具分别对素材 18 ～素材 22 进行裁切，裁切尺寸为宽度 800 像素，高度 800 像素，分辨率为 72 像素 / 英寸，模式为 RGB。

5．保存为 PSD 和 JPG 两种格式。

素材 18

素材 19

素材 20

素材 21

素材 22

（摄影师：谢文创　模特：谢泽杭）

图 4-116

拓展任务三　毛衫网店横幅海报设计

要求：

1．尺寸：宽度 1942 像素，高度 650 像素，分辨率为 72 像素 / 英寸，模式为 RGB。

2．必须出现一张以上的素材，从素材 23 ～素材 31 中选一张，如图 4-117 所示。

3．必须出现下面广告文案：

（1）Elegant temperament, extreme self-cultivation；

（2）优雅气质极致修身；

（3）6 大细节；

（4）7 色可选；

（5）满 300 减 30+30 元优惠券；

（6）满 780 减 70+60 元优惠券；

（7）满 899 减 90+80 元优惠券；

（8）7 折包邮。

4. 图文编排合理，创意构思新颖，主题突出，视觉冲击力强。
5. 保存为 PSD 和 JPG 两种格式。

素材 23 素材 24 素材 25

素材 26 素材 27 素材 28

素材 29 素材 30 素材 31

（摄影师：谢文创 模特：欧阳丽欣）

图 4-117

知识链接

网店平面广告设计基础

一、平面广告设计的概念

平面广告设计是在二维空间进行的设计活动，是把平面的若干基本元素，如文字、图形、色彩等内容，以符合传达目的的要求进行编排组合，实现准确的视觉传达，同时给观众带来一定的视觉心理满足。平面广告设计形式大致包括报纸设计、杂志设计、海报设计、书籍杂志的装帧设计、商标设计等，随着计算机网络技术的发展，网店广告设计也属于平面广告设计范畴。

二、平面广告设计的构成要素

1. 文字

文字主要包括标题、正文、广告口语、附文。标题是表现广告主题的短文，其作用是吸引消费者，引起消费者的注意。设计标题时要用大号字，并且安排在版面的最佳视域，配合画面造型的需要进行视觉引导，使消费者的视线从标题转移到图形正文。

正文是广告的说明性文字，多突出说明商品的特点，因此应使用简洁而平和的日常语言，使消费者信任商品，以达到商品促销的目的，广告说明文一般置于版面下方或左右方，文字编排以集中为宜。

广告标语是用来配合标题、强化商品形象的简洁完整的短句，标语文字必须易读好记，可反复使用，以加深消费者对商品的印象，编排时一般应放置在版面的突出位置。

附文则是位于广告文案结尾处的语言或文字，旨在传达企业的名称、地址等附加性信息。

2. 图形

图形是平面广告的重要构成要素，主要包括商标和插图。商标是平面广告的眼睛，是消费者鉴别商品的重要标志。在广告设计中，商标不是广告版面的装饰物，而是重要的构成要素；在整个广告版面中，商标造型最单纯、最简洁、最鲜明，在瞬间就能被识别，并能给消费者留下深刻的印象。

插图则用视觉的艺术手段来传达商品或劳务信息，增强记忆效果，让消费者能够以更快、更直观的方式接受信息。插图内容要突出商品或服务的特性，通俗易懂、简洁明快，有强烈的视觉效果。一般插图是围绕着标题和正文来展开的，对标题起到衬托的作用，目前插图的表现手法一般有摄影、绘画两种。

3．色彩

色彩是人类视觉关注的第一关键所在，也是广告表现形式的重点，一幅有个性色彩的广告，往往更能抓住消费者的视线；通过结合具体的形象，运用不同的色调，会使观众产生不同的感受，对商品留下较深印象，并由此吸引与促进消费者的购买欲望。

三、平面广告设计的应用

平面广告的应用非常广泛，主要包括：

（1）报纸广告；

（2）杂志广告；

（3）直邮广告（DM）；

（4）售点广告（POP）；

（5）户外广告和交通广告；

（6）网络广告。

四、平面广告设计的流程

（1）广告调查。

（2）广告计划。

① 广告目标；

② 广告时限；

③ 广告诉求对象；

④ 广告地区；

⑤ 广告内容；

⑥ 广告表现战略；

⑦ 广告媒体战略；

⑧ 其他促销策略。

（3）广告创意与表现。

① 文字创意；

② 图形创意；

③ 色彩意境。

（4）广告制作。

五、平面广告的创意与表现方法

1．直接展示

直接展示是较为常见的广告表现手法之一。设计师充分运用摄影或绘画的技巧及写实表现手法，将产品或服务的特点真实、直接地展现在广告画面上，给消费者以直观的感性认识和亲切、熟悉的心理感受。运用这种手法时要十分注意画面上产品的组合和展示角度，应着力突出产品的品牌和产品本身最容易打动人心的部位，运用色光和背景进行烘托，使产品置身于一个具有感染力的空间，这样才能增强广告画面的视觉冲击力，如图4-118所示。

图4-118

2．纪实再现

纪实的图片或图像能够给人身临其境的感觉，使消费者对广告信息的信任和接受程度增强。这一做法采用生活中的真实场景，以叙述性的画面语言展现日常生活中的人和事，或者取材于历史上的著名事件，运用历史图片、录像或仿旧处理再现当时的场景，再将艺术性的提炼和广告信息巧妙地融会其中，使消费者在受到感染的同时，不知不觉地受到广告主题的影响。这种手法要求创意设计者有敏锐捕捉生活中真实、感人焦点的能力，并能恰到好处地使所选择的图片或图像准确、有力地彰显广告主题，如图4-119所示。

图4-119

3．对比和夸张

对比和夸张也是较为常见的广告表现手法之一，能让广告的艺术表现和吸引力更突

出。对比和夸张是将广告产品或体现广告产品特征的图形在色彩、造型、质地、场景、角色等元素上加以对比、夸张，以不同于生活现实的差异性获得消费者的关注。与生活真实和常规思维模式的对立、冲突或局部差异，能使整个画面产生强烈的视觉导向和冲击力，突出视觉中心，强化广告主题，如图 4-120 所示。

图 4-120

4. 幽默诙趣

幽默是生活的润滑剂，而幽默的广告表现同样能够在给广告受众带来会心一笑的同时，将广告信息传达给消费者。幽默的表现首先需要有出乎意料的、戏剧化的情节安排，将常规思维模式中的概念或日常生活中的人和事，通过较为常见的借用、比喻、拟人、调侃、谐趣等手法，加以漫画式的夸张、变异和渲染，达到意外、反常、独到而新奇的艺术效果，如图 4-121 所示。

图 4-121

5. 魔幻离奇

魔幻离奇的艺术表现在于其“意识流”的特殊魅力，打破了常规的时空局限，将人类丰富的想象力以超越现实的艺术表现手法呈现给观众，带来神奇、独特的奇异感受，令观众在视听震撼中发挥想象，具有浓郁的浪漫色彩。这样的广告表现能把握受众的心理需求，为广告主题赢得广泛的认同，如图 4-122 所示。

图 4-122

6. 名人效应

对名人、偶像的仰慕和狂热的追求乃至竞相模仿，是当今许多人，尤其是年青一代的生活时尚，因此，将名人和偶像作为主要元素引入广告，将具有较强的影响力。选择谁作为自己产品或品牌的代言人，以怎样的方式来将产品或品牌的特性与名人、偶像的品质、个性结合在一起，相得益彰，是运用名人效应进行广告表现的重要问题。如图 4-123 所示为名人效应广告示例。

图 4-123

六、平面广告的版面编排形式原理

1. 重复

重复即把相同或相似的形、色构成单元做有序的排列构图。重复在版面中可将离散的视觉元素串联成为整体，同时重复的元素也会形成视觉冲击。

2. 韵律

平面构成中单纯的单元组合重复易显单调，由有规律变化的形象或色群间以数比、等比处理排列，使之产生音乐的旋律感，称为韵律。

3. 对比

对比又称对照，把质或量反差很大的两个要素成功排列在一起，使人感觉画面鲜明强烈而又具有统一感，使主体更加鲜明、作品更加活跃。

4. 均衡

所谓均衡，是指在平面设计中，根据图像的数量、大小、轻重、色彩和材质的分布，达成视觉判断上的平衡。平衡能带来视觉及心理的满足，为此，广告设计中要解决画面中力场的平衡和前后衔接的平衡。平衡又分为对称平衡和不对称平衡，包括点、线、面、色、空间的平衡。

5. 留白

留白就是在作品中留下相应的空白。版面编排设计与画画一样，需要留白，即留出画面空间。方寸之地亦显天地之宽，这样的空间不仅不会使画面呆滞，而且能通过与其他主题元素相呼应，达到更好的艺术效果，利于传播。

6. 网格

设计师将版面中所涉及的一切元素，例如正文的布局，插图和照片的位置，标题效果，页码，边注等按照一定的风格样式进行规划，并将这一格式重复地应用到多页面排版（如手册、样本、杂志、报纸、网页）中或系列广告、包装等版面设计中。这种统一的布局格式称为网格系统。

七、网店版面构图形式

1. 骨骼型构图

骨骼型是一种规范、理性的分割方法。常见的骨骼型构图有竖向通栏、双栏、三栏、四栏和横向通栏、双栏、三栏和四栏等。一般以竖向分栏为多。在图片和文字的编排上则严格按照骨骼比例进行编排配置，体现严谨、和谐、理性的美。经过相互混合后的版式，既理性、有条理，又活泼而具弹性。如图 4-124 所示为骨骼型构图示例。

图 4-124

2. 满版型构图（通栏型构图）

满版型构图的版面以图像充满整版，主要以图像为诉求，视觉传达直观而强烈。文字配置在上下、左右或中部的图像上。满版型给人以大方、舒展的感觉，是商品广告常用的形式，如图 4-125 所示。

图 4-125

3. 上下分割构图

上下分割构图把整个版面分为上下两个部分，在上半部或下半部配置图片，另一部分则配置文案。配置有图片的部分感性而有活力，而文案部分则理性而静止。上下部分配置的图片可以是一幅或多幅，如图 4-126 所示。

图 4-126

4. 左右分割构图

左右分割构图把整个版面分割为左右两个部分，分别在左侧或右侧配置文案。当左右两部分形成强弱对比时，则造成视觉心理的不平衡。这仅仅是视觉习惯上的问题，也不如上下分割的视觉流程来得自然。不过，倘若将分割线虚化处理，或用文字进行左右重复或穿插，左右图文则变得自然和谐，如图 4-127 和图 4-128 所示。

图 4-127

图 4-128

5. 倾斜型构图

倾斜型构图将版面主体形象或多幅图版做倾斜编排，造成版面强烈的动感和不稳定因素，引人注目，如图 4-129 所示。

图 4-129

6. 中轴型构图

中轴型构图将图形做水平或垂直方向的排列，文案以上下或左右配置。水平排列的版面给人稳定、安静、和平与含蓄之感。垂直排列的版面给人强烈的动感，如图 4-130 所示。

图 4-130

7. 中心型构图

中心型构图有三种概念：一是直接以独立而轮廓分明的形象占据版面中心；二是向心构图，即视觉元素向版面中心聚拢；三是离心构图，犹如将石子投入水中，产生一圈圈向外扩散的弧线。中心型构图所产生的视觉焦点强烈而突出，如图 4-131 所示。

8. 三角形构图

在基本形态中，正三角形是最具安全稳定因素的形态，而圆形和倒三角形则给人以

动感和不稳定感，如图 4-132 所示。

图 4-131

图 4-132

9. 并置型构图

将相同或不同的图片进行大小相同而位置不同的重复排列，有比较意味，使原本复杂的版面有次序与节奏感，如图 4-133 和图 4-134 所示。

图 4-133

图 4-134

10．自由型构图

自由型构图是无规律的、随意的编排构图，有活泼、轻快之感，如图 4-135 所示。

图 4-135

八、网店版面中的文字编排形式

（1）文字在左边，图片在右边，如图 4-136 所示。

图 4-136

（2）文字在右边，图片在左边，如图 4-137 所示。

图 4-137

（3）文字在中间，图片在两边，如图 4-138 所示。

图 4-138

（4）文字集装箱式编排，如图 4-139 所示。

图 4-139

（5）文字在图片上面，图片为主，如图 4-140 所示。

图 4-140

（6）文字绕图，如图 4-141 所示。

图 4-141

（7）以文字为主的编排，如图 4-142 所示。

图 4-142

项目五

网店产品拍摄与后期综合处理

本项目通过“帆布女包的拍摄与后期综合处理”“女装上衣的拍摄与后期综合处理”“欧式女装的拍摄与后期综合处理”三个子项目的操作实践，培养网店产品拍摄与后期综合处理技能。主要任务包括产品拍摄、产品图像修补与美化、网店横幅海报设计与制作、自定义模块设计与制作、产品形象展示图设计与制作及细节图设计与制作等。

子项目一　帆布女包的拍摄与后期综合处理

（摄影师：陈振云　模特：琼斯）

拍摄工具：佳能 EOS 5D Mark II / 尼康 AF-S DX 18-300mm f/3.5-5.6G ED VR 镜头
拍摄模式：M 挡（手动）　光圈：F/10　快门速度：1/125 秒　感光度：ISO-100
曝光补偿：0　焦距：65 毫米　白平衡：色温 2250

任务一　拍摄5张全身和5张半身模特提包图像

【任务要求】

1. 制订合理的拍摄计划。
2. 布光合理。
3. 模特姿势和表情自然，富有创意。
4. 图像主体清晰突出，艺术感强。

【学习目标】

1. 学会制订拍摄计划。
2. 学会布光。

【工作流程】

1. 明确任务。
2. 构思创意。
3. 确定拍摄方案。
4. 选择模特和准备衣服。
5. 准备包包。
6. 为模特化妆。
7. 现场拍摄。
8. 挑选图片。

【拍摄步骤】

STEP1　制订拍摄计划。

产品：女包。

拍摄风格：欧美复古、简洁大气风格。

拍摄要求：

1. 产品风格定位为欧美复古、简洁大气。应选用欧美模特，服装简洁大方。
2. 以浅咖啡色为背景，突出复古风格。
3. 添加感性元素，着重服装姿势方面的创意。
4. 化淡妆，突出简洁的理念。
5. 整个拍摄过程始终以简洁大方的色彩、气氛为主，在补光方面需要注意与模特走位的配合，及时调整反光板、遮光伞的摆放位置，使其对准模特脸部。

STEP2　确定拍摄步骤。

1. 确定模特位置。
2. 布光，如图5-1所示。
3. 开机。

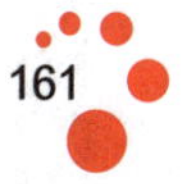

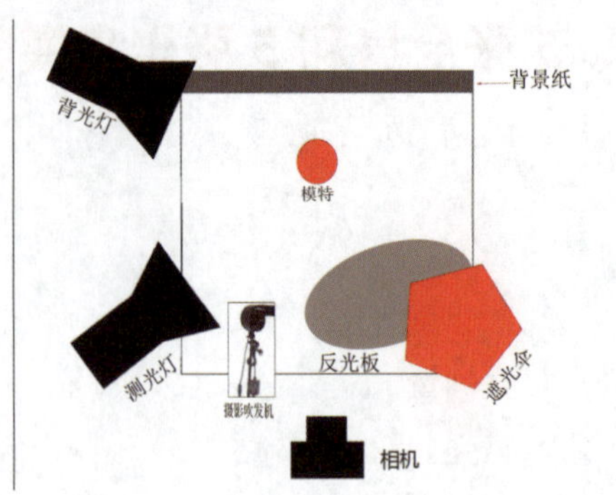

图 5-1

4．选择对焦模式（M/A AF）。

5．选择拍摄模式 M 挡（手动）。

6．设定光圈为 F/10。

7．对焦（半按快门，听到声音，看到左下角绿色点在闪烁）。

8．拍摄（按下快门）。

9．检查图片效果和参数，如图 5-2 所示。

图 5-2

任务二 提交一张后期修补和合成后图像

【学习目标】

1. 学会修补产品图像。
2. 学习图像合成处理。最终效果如图 5-3 所示。

（设计师：谢文创）

图 5-3

【制作步骤】

STEP1 图片后期修补。

1. 打开 2079.jpg 图片，查看哪里需要修补，如图 5-4 所示。

图 5-4

2．使用仿制图章工具，设定属性栏参数，画笔大小为 25 像素，不透明度为 25%（也可以使用修复画笔工具），如图 5-5 所示。

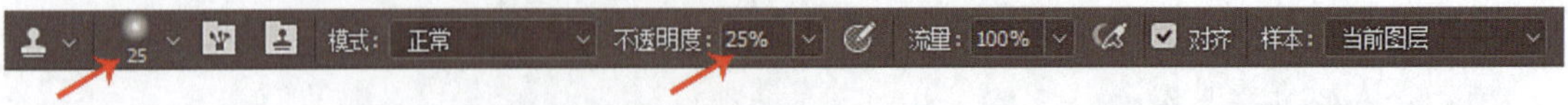

25 模式：正常 不透明度：25% 流量：100% 对齐 样本：当前图层

图 5-5

3．使用多边形套索工具建立选区，如图 5-6 所示。选择仿制图章工具，在选区内对污点进行修补。按 Ctrl+H 快捷键可以隐藏选区。

图 5-6

4．选择“选择”/“反向”命令，对选区外的污点进行修补，如图 5-7 所示。

图 5-7

STEP2　为嘴唇加深颜色。

1．新建图层，选择画笔工具，设定前景色为 #93114e，设定画笔大小为 9 像素，硬度为 0%。

2．使用画笔工具在嘴唇处涂抹，如图 5-8 所示。

图 5-8

3．在“图层”面板上单击“添加矢量蒙版”按钮，设定前景色为黑色，处理涂抹色块的轮廓。

4．在“图层”面板上设定为“颜色加深”，不透明度为 20%，如图 5-9 所示。处理后的嘴唇效果如图 5-10 所示。

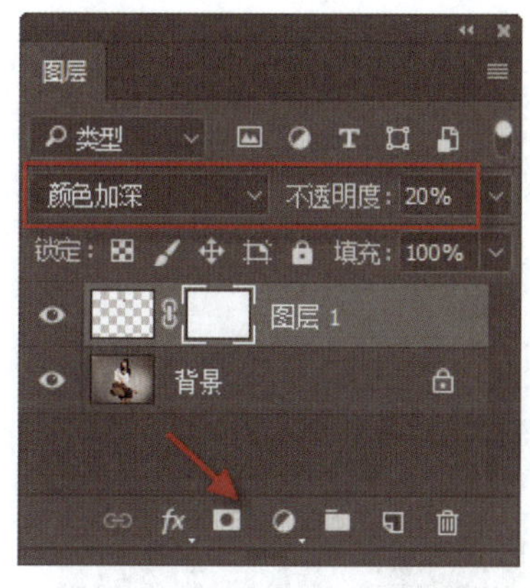

图 5-9

图 5-10

STEP3　合成图片。

1．选择“文件”/“新建”命令，新建文件宽度为 1920 像素，高度为 1920 像素，分辨率为 72 像素 / 英寸，颜色模式为 RGB 颜色，背景为白色。

2．激活人物图像文件，选择魔棒工具，设定容差为 20，在背景上单击。

3．选择移动工具，放在选区内部，按住鼠标左键将图像拖到新建的文件中。

4．选择“编辑”/“变换”/“缩放”命令，按住 Shift 键缩小图像。

5．打开“背景 01.jpg”，用移动工具将图像拖到新建的文件中。

STEP4　添加文字和色块，效果如图 5-11 所示。

STEP5　将图片存储为 JPG 格式。

图 5-11

【总结和启示】

1．采用纪实再现的创意方法，演绎品牌故事，传递品牌核心价值，增加消费者的信任感。

2．三分法构图，版面构图轻松，富有美感。

3．背景图片模糊，使人物主体更加突出。

任务三　网店横幅海报设计

【学习目标】

学习网店横幅海报创意设计方法。最终效果如图 5-12 所示。

（设计师：谢文创）

图 5-12

【制作步骤】

STEP1　打开女模特和马素材图片，如图 5-13 和图 5-14 所示。

图 5-13

图 5-14

STEP2　将画布放大，先用钢笔工具将女模特图像抠取出来，再将路径变为选区，如图 5-15 所示。

图 5-15

STEP3　新建文件，设定宽度为 1440 像素，高度为 650 像素，分辨率为 72 像素 / 英寸，颜色模式为 RGB 颜色。用移动工具将模特和马的图片拖进界面中适当位置，并进行缩放，如图 5-16 所示。

图 5-16

STEP4　利用画笔工具，在女模特的大腿前面画上一两根草，使女模特看起来仿佛站立在草原之中，如图 5-17 所示。

图 5-17

STEP5　在画布中添加文字“邂逅梦中‘情人’”“邂逅 . 简原创帆布包”“A FIRST LOOK AT SOME OF THE SEASON’S. FROM MODERN SIMPLCITY TOLUXURIOUS CREAFTSMANSHIP.”，最后得到的效果如图 5-18 所示。

图 5-18

STEP6　存储图片。

【总结和启示】

1．采用纪实再现的创意方法，通过人物和马图片的后期合成，创造了动人的情景，

诉说一个唯美的品牌故事。

2. 上下分割构图，使受众的视野更加开阔。

3. 中英文对比，居中编排，使版面更加经典唯美。

任务四　自定义宝贝展示模块的设计

【学习目标】

学习上下型的图文编排方法，最终效果如图 5-19 所示。

（设计师：朱荣）

图 5-19

【制作步骤】

STEP1　打开 Photoshop CC 2017，新建文件，宽度为 950 像素，高度自定义（适当大些，多余留白最后可裁剪掉）。

STEP2　按 Ctrl+R 快捷键，打开标尺。

STEP3　新建参考线，将页面分成如图 5-20 所示的结构。（温馨提示：也可以用切片工具和切片选取工具划分画布，再拉入参考线，最后清除切片。）

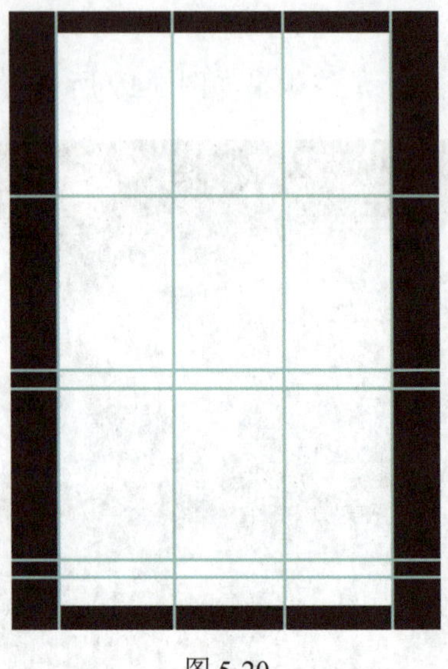

图 5-20

STEP4　使用矩形选框工具制作区域，新建“图层 1”，填充自定义颜色，效果如图 5-21 和图 5-22 所示。

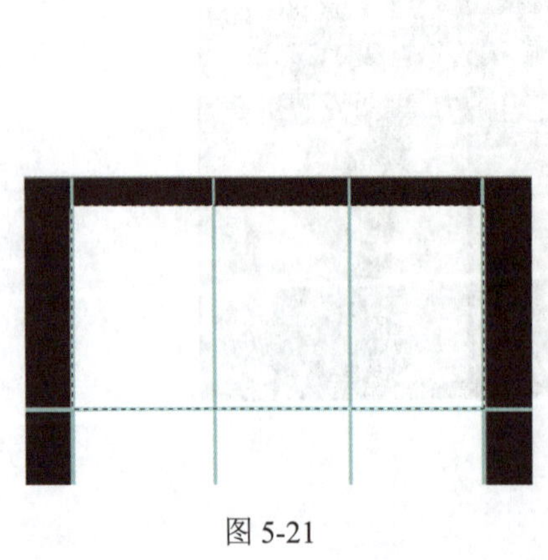

图 5-21

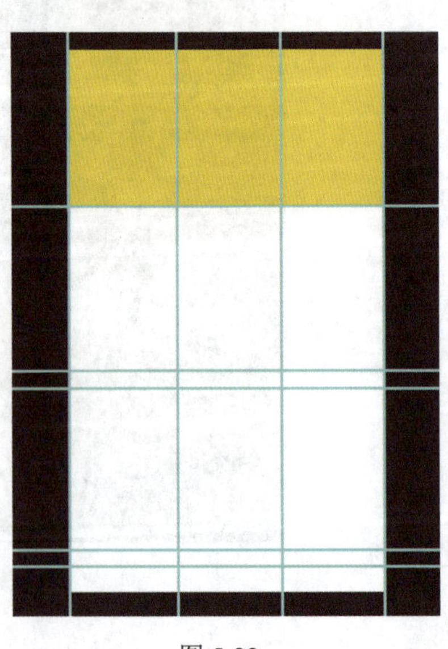

图 5-22

STEP5　重复STEP4，选择选区，分别新建图层，将参考线所划分区域填充，效果如图5-23所示。

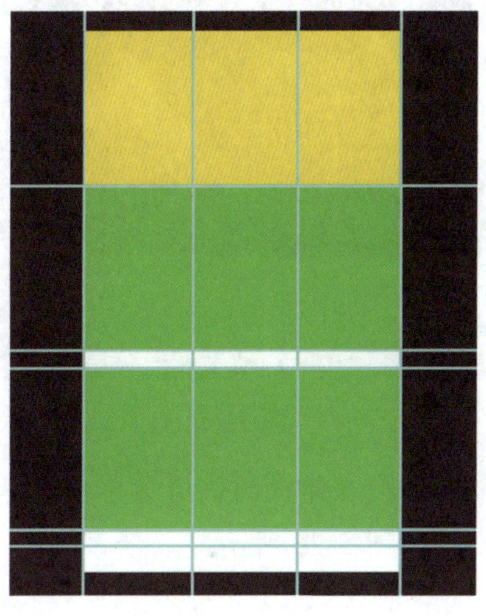

图5-23

STEP6　选择裁剪工具，将参考线最下面多余的白色部分裁剪掉，完成宝贝展示模板的制作，如图5-24所示。

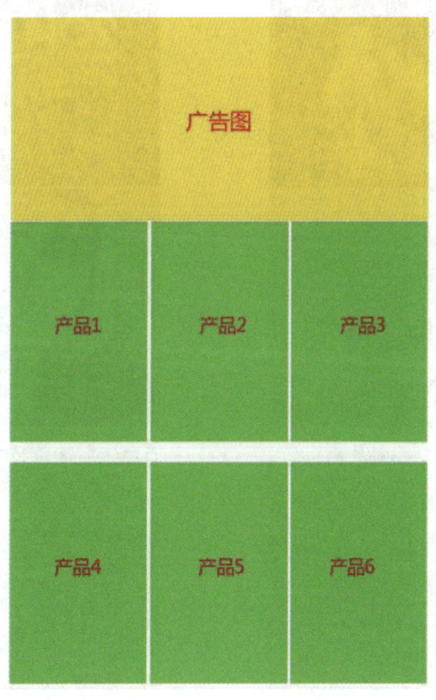

图5-24

STEP7　选择“图层1”（黄色区域），导入已完成的广告图，置于“图层1”上面，如图5-25所示。

图 5-25

STEP8　右击“广告图”图层，在弹出的快捷菜单中选择“创建剪贴蒙版”命令。选择移动工具，调整广告图位置，如图 5-26 所示。

STEP9　选择“图层 2”（绿色区域 1），导入包包模特图 1，置于“图层 2”上面，并创建剪贴蒙版；按 Ctrl+T 快捷键，出现矩形边框，将鼠标指针移到矩形边框左上角节点上，待指针变成双箭头时，按住 Shift 键拖动鼠标，将图层缩到合适大小，如图 5-27 所示。

图 5-26　　　　图 5-27

STEP10　重复 STEP9，在其他绿色区域导入模特展示图，要注意调整好各个模特图片大小，如图 5-28 所示。

图 5-28

STEP11　选择背景图层，填充黑色，如图 5-29 所示。

图 5-29

STEP12 选择文字工具，设定字体为“方正兰亭超细黑简体”，字号为 4，颜色为 #ffffff。在画布中拖出文本框，输入包包标题。再设定字体为“微软雅黑”，字号为 6，颜色为 #b50000。在画布中拖出文本框，输入包包价格，如图 5-30 所示。

图 5-30

STEP13 依次输入另外 5 个包包的标题、价格，将其对齐，最终效果如图 5-31 所示。

图 5-31

STEP14　存储图片。

【总结和启示】

以同样的创意表达对象，若以不同的排版布局、不同的组合形式来设计，会直接影响访客的浏览顺序、目光停留时间长短，也可以给浏览者带来不同的视觉感受，从而达到有针对性引流的目的。如图 5-32 至图 5-34 所示的 3 种布局方式中，1、2、3 表示浏览的先后顺序，箭头表示浏览的方向。

图 5-32

图 5-33

图 5-34

子项目二　女装上衣的拍摄与后期综合处理

（摄影师：谢文创　模特：谭菲）

拍摄工具：尼康 D700 / 尼康 AF-SVR 200mm

拍摄模式：A 挡（光圈优先）　光圈：F/2.8　快门速度：1/250 秒

感光度：ISO-200　曝光补偿：0　白平衡：日光

任务一　女装上衣室外拍摄

【学习目标】

学会使用“大光圈”拍摄背景模糊的产品图片；学会三分法构图。

【任务要求】

1．使用“大光圈”拍摄背景模糊的女装上衣图片。

2．拍摄图片要求构图合理，主体清晰突出，背景模糊，整体艺术感强。

3．运用 Photoshop 进行后期处理。

【工作流程】

1．明确任务。

2．创意构思，确定拍摄方案。

3．准备衣服和选择模特。

4．选择拍摄地点。

5．为模特化妆。

6．现场拍摄。

7．图片后期处理。

【拍摄步骤】

STEP1　制订拍摄计划。

1．产品：女装上衣。

2．拍摄风格：日韩现代风格。

3．拍摄要求：图片背景模糊，主体清晰。

4．拍摄地点：咖啡厅外面。

5．模特：谭菲。

6．摄影师：谢文创。

STEP2　确定拍摄步骤。

1．确定模特位置。

2．布光（自然光，侧逆光）。

3．开机。

4．选择对焦模式（M/A AF）。

5．选择拍摄模式 A 挡（光圈优先）。

6．设定光圈为 F/2.8。

7．对焦（半按快门，听到声音，看到左下角绿色点在闪烁）。

8．拍摄（轻按快门）。

9．检查图片效果和参数。

现场拍摄的图片如图 5-35 和图 5-36 所示。

图 5-35

图 5-36

任务二　女装上衣形象展示设计

【学习目标】

学会使用中轴对称型图文编排形式。最终效果如图 5-37 所示。

（设计师：谢文创）

图 5-37

【制作步骤】

STEP1　打开“展”图片，在“图层”面板上单击“创建新的填充或调整图层”按钮；选择曲线并调整，设置输出为 207，输入为 197，如图 5-38 所示。

图 5-38

STEP2 同时按住 Shift+Ctrl+Alt+E 组合键，合并图层，产生“图层 1”。

STEP3 选中裁剪工具，设定属性参数，宽度为 500 像素，高度为 770 像素，分辨率为 72 像素 / 英寸，如图 5-39 所示。

宽 x 高 x 分... 500 像素 770 像素 72 像素/英寸 清除

图 5-39

STEP4 用裁剪工具在画布中拉出一个线框，把图标放在画布中间，如图 5-40 所示，双击完成裁切。

图 5-40

STEP5　将图片存储为“展 1”。

STEP6　用同样的方法，裁切“展 2”，并存储为“展 2-1”。

STEP7　设定属性参数，宽度为 880 像素，高度为 590 像素，分辨率为 72 像素 / 英寸，如图 5-41 所示。

图 5-41

STEP8　裁切“展 3”，并存储为“展 3-1”。

STEP9　新建文件，设定宽度为 1542 像素，高度为 2114 像素，分辨率为 72 像素 / 英寸，颜色模式为 RGB 颜色，背景色为白色。

STEP10　选择“编辑”/“首选项”命令，在弹出的“首选项”对话框中选择“单位与标尺”选项，将标尺单位改为“像素”，如图 5-42 所示。

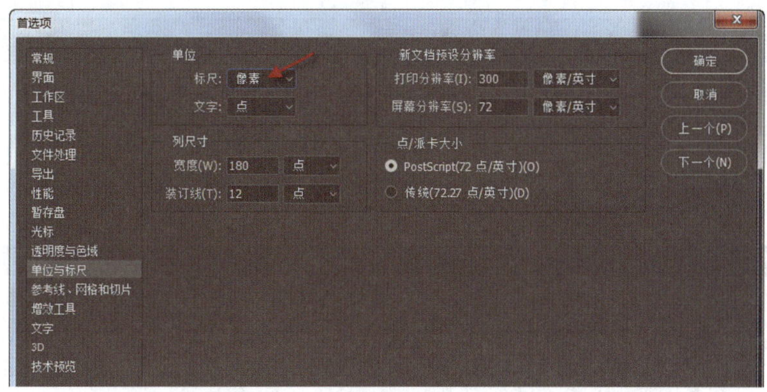

图 5-42

STEP11　选择“视图”/“标尺”命令，选择移动工具，按住鼠标左键，从左上角标尺中拉到画布边缘，画布边缘标尺从 0 像素开始，如图 5-43 所示。

图 5-43

STEP12　按 Ctrl+Space 快捷键，同时不断单击，放大画布，用移动工具从左边标尺中拉出辅助线，并对准数字 771，如图 5-44 所示。

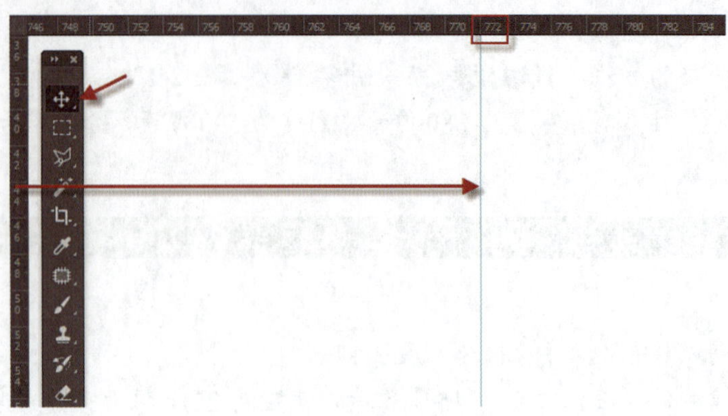

图 5-44

STEP13　选择矩形选框工具，在属性栏中分别设定参数，样式为“固定大小”，宽度为 1542 像素，高度为 150px，如图 5-45 所示。

图 5-45

STEP14　使用矩形选框工具，在画布顶部拉出一矩形选区；再从上方标尺中拉出辅助线，并对齐矩形选区底线，如图 5-46 所示。

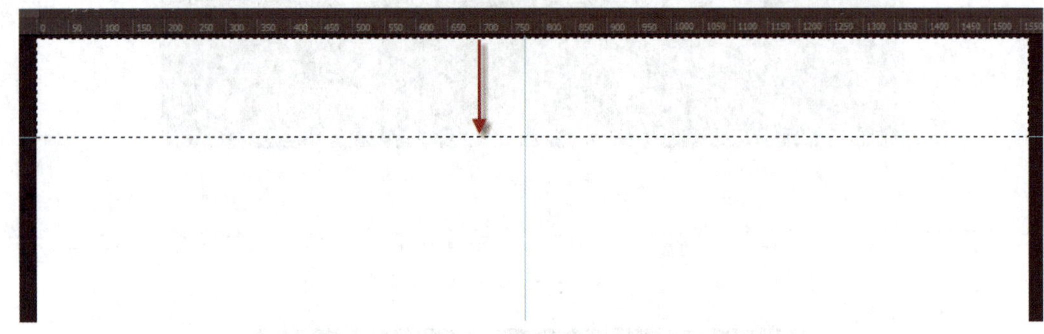

图 5-46

STEP15　重复 STEP13 和 STEP14，分别拉出如图 5-47 所示的辅助线，具体参数如下:

宽度为 1542px，高度为 150px，拉出水平辅助线；
宽度为 1542px，高度为 720px，拉出水平辅助线；
宽度为 1542px，高度为 850px，拉出水平辅助线；
宽度为 1542px，高度为 1150px，拉出水平辅助线；
宽度为 1542px，高度为 205px，拉出水平辅助线；
宽度为 2114px，高度为 280px，拉出左边垂直辅助线；
宽度为 2114px，高度为 280px，拉出右边垂直辅助线；
宽度为 2114px，高度为 475px，拉出左边垂直辅助线；

宽度为 2114px，高度为 475px，拉出右边垂直辅助线。

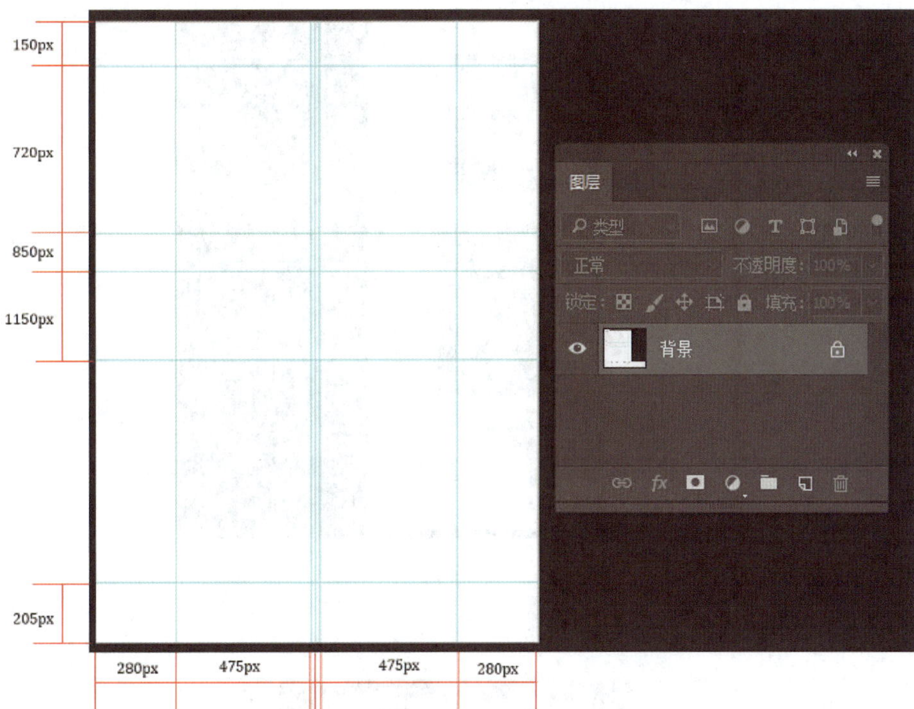

图 5-47

STEP16　选择移动工具，分别拖入 3 幅图片，并用移动工具调整好图片位置，如图 5-48 所示。

图 5-48

STEP17 选择文字工具，分别输入文本，如图 5-49 所示。

图 5-49

STEP18 存储图片。最终效果如图 5-50 所示。

图 5-50

【总结和启示】

1．使用 200 mm 镜头，设定大光圈，可拍摄背景模糊的图片。

2．服装人物外景拍摄，可以使用三分法构图。

3．该版面构图使用上下左右型构图法。

4．不同类目的产品形象展示模块图设计，应根据品牌的定位要求，确定独特的版面编排风格来吸引目标消费者的注意，激发其购买欲望。下面列举 5 个构图范例以供设计参考，如图 5-51 ～图 5-55 所示。

图 5-51　　图 5-52

Elegance
The Envy Of The Fashion

图 5-53

JOKER
FASHION
时尚百搭

COMFOR
FASHION
舒适之度

CONTRACTED
SPLICING
简约拼接

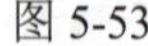

图 5-54

R759 세라OPS
4color
transforms knitwear for night with this cutout-front black cashmere dress.
Anchor this super soft piece with a draped chain necklace and statement ankle boots
for a luxe homage to the label's urban ethos.

Start of fashion. Let's here.
Are hard to break and hang out with Cody and any place or time,
coolness is added to the arms will give you satisfaction.

图 5-55

子项目三　欧式女装的拍摄与后期综合处理

（摄影师：谢文创　模特：欧阳丽欣）

拍摄工具：尼康 D700 / 尼康 AF-SVR 200mm

拍摄模式：M 挡（手动）　光圈：F/14　快门速度：1/125 秒

感光度：ISO-200　曝光补偿：+3.7　白平衡：自动

任务一　拍摄 5 张室内女装图像

【学习目标】

学会拍摄女装图片时运用闪光灯。

【任务要求】

拍摄图片要求有全身和半身镜头，主体清晰突出，艺术感强。

【工作流程】

1．明确任务。

2．创意构思。

3．确定拍摄方案。

4．选择模特和准备衣服。

5．准备配饰。

6．为模特化妆。

7．现场拍摄。

8．图片后期处理。

【拍摄步骤】

STEP1　制订拍摄计划。

1．产品：欧式女装。

2．产品风格：欧式复古风格。

3．拍摄要求：主体清晰突出，艺术感强。

4．拍摄地点：室内影棚。

5．模特：欧阳丽欣。

6．摄影师：谢文创。

STEP2　确定拍摄步骤。

1．确定模特位置。

2．布光，包括闪光灯、侧光，如图 5-56 所示。

3．开机。

4．选择对焦模式（M/A AF）。

5．选择拍摄模式 M 挡（手动）。

6．设定光圈为 F/14，快门为 1/125 秒。

7．对焦（半按快门，听到声音，看到左下角绿色点在闪烁）。

8．拍摄（轻按快门）。

9．检查图片效果和参数。

现场拍摄的图片如图 5-57 所示。

图 5-56

图 5-57

任务二　细节图设计

【学习目标】

学会对宝贝详情页细节图的编排设计。最终效果如图 5-58 所示。

（设计师：谢文创　模特：欧阳丽欣）

图 5-58

【设计分析】

1．设计定位：欧式复古风。

2．创意策略：模特全身照能展示产品的整体效果，吸引目标消费者的注意。

3．版面构图：采用三分法构图，模特占画布的 1/3，细节图部分占画布的 2/3。

4．图文编排形式：自由型。

5．视觉流程：细节部分流畅的线条由上往下，带着消费者的视线由上往下浏览，详细地了解产品。

6．版面色彩：采用同类色对比，突出服装古朴的风格。模特的皮肤、服装和标题文字的颜色都是暖色，属于同类色。同类色对比，统一感强。版面中黑白色彩也起到调和版

面色彩的作用。

【制作步骤】

STEP1　新建文件，设定宽度为730像素，高度为577像素，分辨率为72像素/英寸，颜色模式为RGB颜色，背景内容为白色，如图5-59所示。

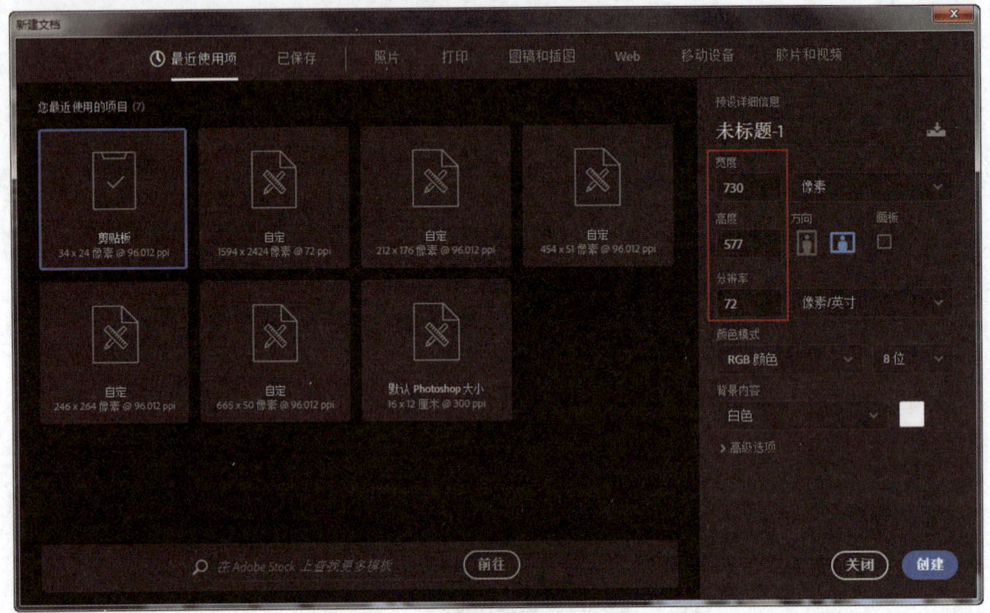

图 5-59

STEP2　选择菜单栏中的“视图”/“标尺”命令，显示标尺，将画布三等分。模特占画布的1/3，细节图占画布的2/3，如图5-60所示。

图 5-60

STEP3　新建图层，制作3个虚线圆圈，并将模特图置入，调整模特色彩，处理模特边缘，如图5-61所示。

STEP4　新建图层，制作大的椭圆线圈，并添加图层蒙版，处理椭圆线圈，如图5-62所示。

图 5-61

图 5-62

STEP5　分别在 3 个虚线圆圈内贴入细节图，如图 5-63 所示。

图 5-63

STEP6　添加文字，设置字体大小、位置和颜色，最终效果如图 5-64 所示。

图 5-64

【总结和启示】

1. 不同的图文编排风格将产生不同的视觉效果。可以设计几个不同的编排版面进行比较，最后选出视觉效果最好的方案。如图 5-65（风格 A）和图 5-66（风格 B）所示，这两种不同的编排风格可以和本子项目任务二的最终效果图 5-58 进行比较。

（设计师：谢文创　模特：欧阳丽欣）

图 5-65

（模特：欧阳丽欣　设计师：谢文创）

图 5-66

风格 A：采用中轴型图文编排形式，优势在于模特位于中间形成焦点，消费者能一目了然地认识产品。模特主图与细节图互相呼应，在视觉上产生平衡的美感。

风格 B：采用左右型编排图文形式，优势在于视觉条理性较强，消费者能由左到右了解产品，再看到产品的细节，加深对产品的认知。

2．不同类目的细节图设计，应根据产品的特点选择合适的设计风格，并注意整体编排风格的统一与变化。下面列举 6 个构图范例以供设计参考，如图 5-67 ～图 5-72 所示。

#3
机车肩设计能
有效修饰肩部曲线，使穿着者身型
显得挺阔，干练
boyfriend风当道
有型不失时尚
No collar design elements can increase neck minister degree, effectively improve temperament
#4
7分袖设计能避免沉闷感，拉
伸手臂曲线，整体风
格显得干净利落
是今年时尚女性偏爱的一款
别具一格
7 points sleeve design can avoid depressing feeling, pull stretched out his hand and arm curve, the overall wind case appears smooth and clean
#5
无领设计元素
能增加颈
部长度，有效提升气质
西装外套有型不失时尚
脱颖而出
No collar design elements can increase neck minister degree, effectively improve temperament

图 5-67

Details Show / 细节展示

图 5-68

逸·红颜

高级棉麻
SENIOR COTTON
盘扣&印花 上好的提花印花棉麻
面料爽肤、挺括，悬垂性佳
金鱼花盘扣纯手工精心盘制
不漏针脚 浑然天成
一丝不苟的传统绲边 彰显其上乘品质
大气的花枝盘枝错结
不经意盘出时尚经典

Attraction
枫花情看点
款式STYLE
面料FABRIC
搭配COLLOCATION

图 5-69

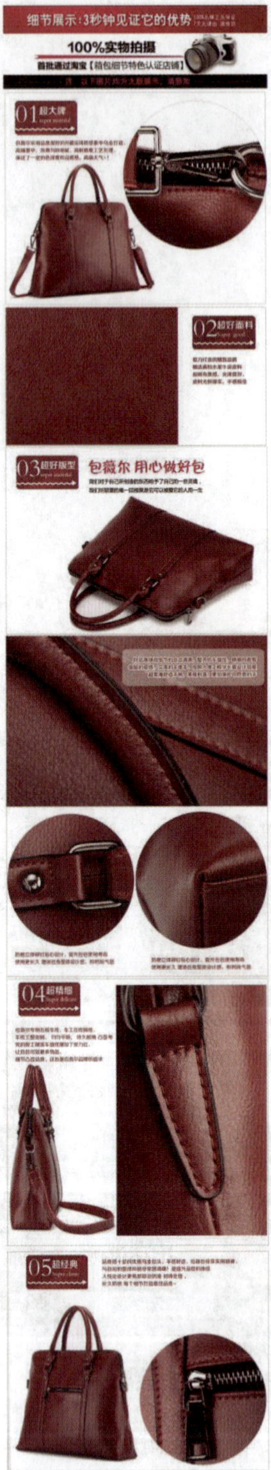
细节展示：3秒钟见证它的优势
100%实物拍摄
首批通过淘宝【箱包细节特色认证店铺】
01 超大牌
02 超好面料
03 超好版型
包薇尔 用心做好包
04 超精细
05 超经典

图 5-70

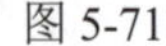

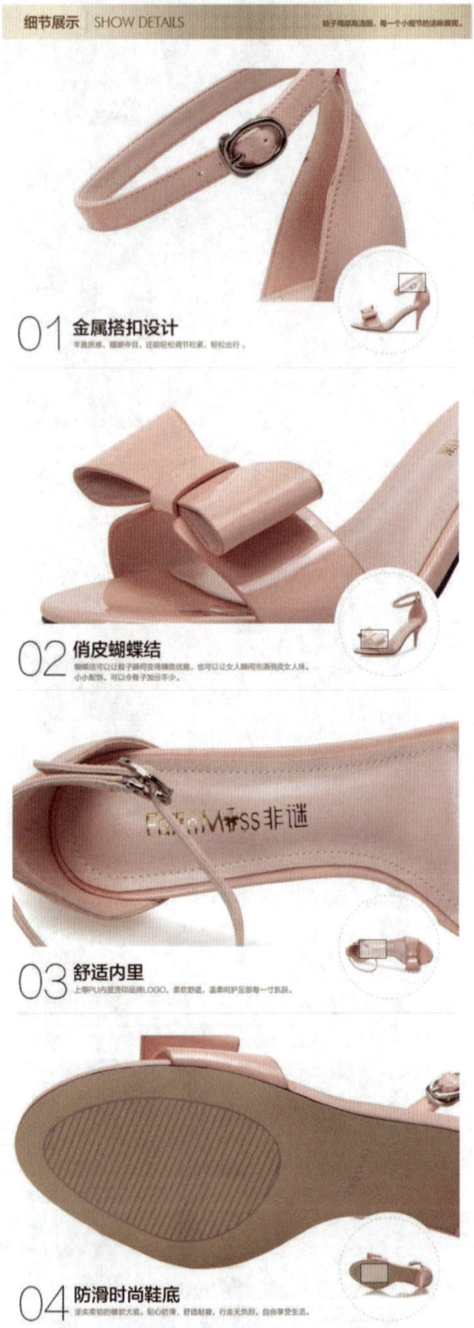
细节展示 SHOW DETAILS
01 金属搭扣设计
02 俏皮蝴蝶结
03 舒适内里
04 防滑时尚鞋底

图 5-71

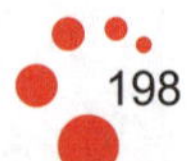

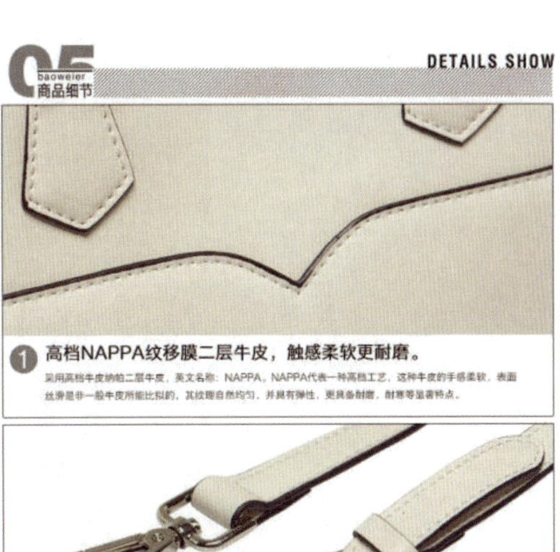

❶ 高档NAPPA纹移膜二层牛皮，触感柔软更耐磨。

采用高档牛皮纳帕二层牛皮，英文名称：NAPPA，NAPPA代表一种高档工艺，这种牛皮的手感柔软，表面丝滑是非一般牛皮所能比拟的，其纹理自然均匀，并具有弹性，更具备耐磨，耐寒等显著特点。

❷ 双层牛皮背带更牢固，品牌定制高级五金，光泽持久。

双层NAPPA纹牛皮背带，精湛油边封漆，美观牢固，五金配件均采用先进工艺，耗费更多工序精工完成的上乘配件，如压铸成型工艺，电镀工艺，抛光工艺等，保证了品牌定制高级五金，无论大小和形状的不同，皆具备不易划伤、长久防锈、光泽均匀，表面光滑的高档品质。

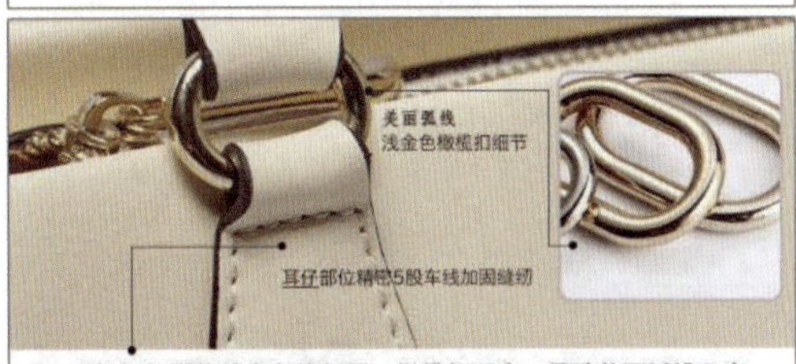

❸ 手提耳仔部位精密车线加固，橄榄扣五金，极致美丽弧线元素。

BAOWEIER设计师一贯秉承用艺术的眼光设计每款产品的品牌价值观，在微不足道的细节上也绝不放弃对BAOWEIER品位的追求，力求用最完美的作品感动包包的主人，寻找那位知性优雅的女主人，她是你吗?

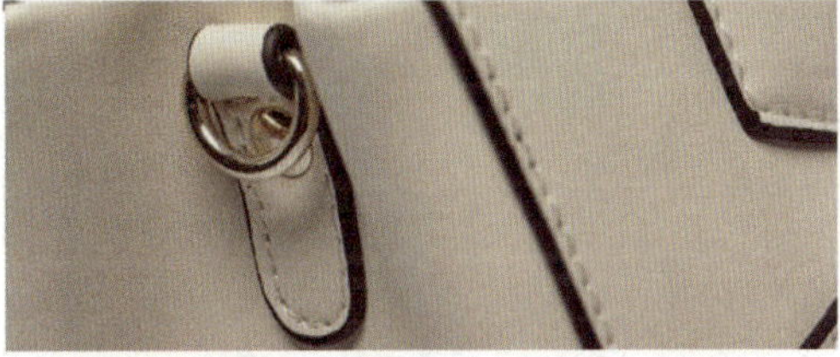

❹ 完美曲线无处不在，细微处瑰丽悦目，极致美丽弧线元素。

BAOWEIER设计师告诉我们，据色彩关专家研究，金色是永远的流行色，背带耳仔五金配件选用时尚流行的浅金色（仿24K金色高档电镀）双面铆钉、D扣，所有辅料配置已经达到高档次包包标配水平。

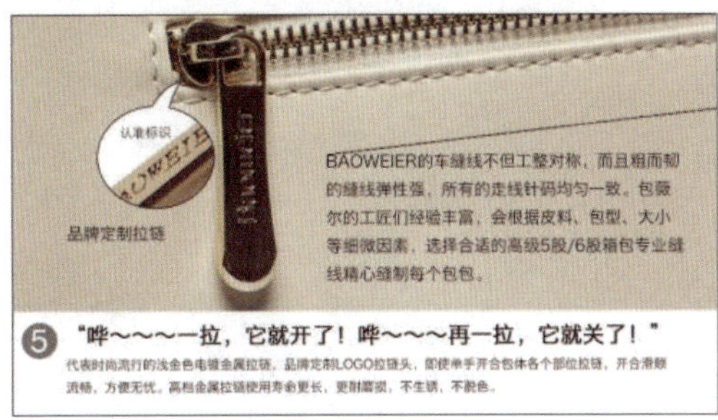

❺ “哗～～～一拉，它就开了！哗～～～再一拉，它就关了！”

代表时尚流行的浅金色电镀金属拉链，品牌定制LOGO拉链头，即使单手开合包体各个部位拉链，开合滑顺流畅，方便无忧。高档金属拉链使用寿命更长，更耐磨损，不生锈，不脱色。

图 5-72

第三篇 基于 BAG 职业行动能力教育

BAG（Berufliche Arbeitsaufgaben）模式是主要针对综合职业行动能力教育的典型工作任务分析模式。采用这种模式的目的是梳理出电子商务职业的典型工作任务，并对此进行教学情境设计，形成一系列学习性项目。

在一般课堂教学的基础上，以教学企业作为实践基地，让师生直接面对企业项目进行切实教学和操作，是实现和提升网店美工岗位技能的重要途径。

在这样的项目教学中，一般将学生分成多个小团队，每个小团队8人左右，并按“教学六步法”来组织实施。

教学六步法主要包括资讯、计划、决策、实施、检查和评估六个步骤。

项目六

网店包包产品图片拍摄与后期处理

本项目的教学及操作，主要包括“网店包包产品主图拍摄”和“网店包包产品主图修补”两项任务。学生通过完成这两项任务，学会网店包包类产品图片的拍摄与后期处理技能。

任务一　网店包包产品主图拍摄

网店包包产品主图拍摄的教学准备、拍摄流程及检查与评价表分别如表 6-1 ～表 6-3 所示。

表 6-1　网店包包产品主图拍摄的教学准备

学 习 目 标	1. 掌握数码相机的基本使用 2. 掌握产品拍摄构图技巧 3. 掌握产品拍摄布光技巧 4. 能够拍摄清晰的产品图片
学习型工作任务	子任务一：产品拍摄计划 子任务二：创意及构图 子任务三：拍摄 1 个包包产品，5 张主图 子任务四：挑选产品图片，提交给指导教师
教师教学知识与能力要求	能够熟练掌握网店产品拍摄的方法和技巧，具有较强的网店产品拍摄能力、教学组织能力和实训管理能力
学生知识与能力准备	具备网店产品拍摄相关基本知识，具备搜集和分析产品主图的基本能力
教 学 材 料	准备作为教材的《网店美工实战》一书，以及学生任务书
使 用 工 具	拍摄台、尼康 D700 数码相机、尼康 70 mm 镜头、香港雷特 400 W 闪光灯 2 盏、爱玲珑 250 W 闪光灯 2 盏、反光板

表 6-2　网店包包产品主图拍摄流程（学时：7 学时）

步　骤	工 作 过 程	教学方法建议	学　时
1. 资讯	教师下发来自企业的任务书给学习小组；描述学习目标与要求，讲解尼康 D700 数码相机的原理和运用 学生分组进行有关任务的收集与整理	讲授法 案例法 引导法	1
2. 计划与决策	各小组进行任务分工、制订计划 教师审核各小组的工作计划，引导学生确定最终实施方案	讲授法 小组讨论法 自主探究法	2
3. 实施	学生在教师指导下按照任务的要求进行操作	小组讨论法 引导法	2
4. 检查	教师检查： 1. 曝光是否正常 2. 构图是否合理 3. 布光是否合理 4. 拍摄张数		1

续表

步　骤	工 作 过 程	教学方法建议	学　时
5. 评估	学生以 PPT 的形式汇报任务的计划和实施过程 ● 小组自评：小组成员对本小组开展本次任务的过程和结果加以评价 ● 小组互评：其他小组成员依据小组的汇报情况进行评价 ● 教师评价：教师根据每个小组的情况，指出每个小组的优点和缺点 ● 企业点评：企业专家根据市场的需求，以市场人才培养的视角进行点评，并提出改进的意见	多媒体演示法 小组讨论法	1

表 6-3　检查与评价表

序　号	指标 / 标准	小 组 自 评	学 生 互 评	指导教师评分	结　果
1	曝光是否正常				
2	布光是否合理				
3	图片的各部分光比是否合理				
4	构图是否合理				
5	拍摄角度是否合理				
6	是否考虑到质感问题				
7	是否考虑到细节问题				
8	提交的方案是否完整				
9	是否按时完成任务				
10	团队的协作能力如何				
评价者签名					

注：评价等级为 A——满意，B——一般，C——不满意。

引 导 问 题

【资讯——分析包包产品主图】

1. 确定要拍摄何种类型的包包产品，并描述该产品特色。

2．该产品所针对的目标消费者描述。

____

____

____

3．目标消费者的需求描述。

____

____

____

4．该产品主图视觉营销策略。

____

____

____

【制订计划——拍摄计划】

产品：______________________________

产品风格：______________________________

拍摄要求：______________________________

拍摄地点：______________________________

摄影师：______________________________

【实施计划】

工作流程及每个环节的关键点：

____

____

____

____

____

____

任务二　网店包包产品主图修补

网店包包产品主图修补的教学准备、修补流程及检查与评价表分别如表6-4～表6-6所示。

表 6-4　网店包包产品主图修补的教学准备

学 习 目 标	1．掌握主图的不同角度构成 2．掌握 Photoshop CC 2017 基本使用方法 3．能够使用仿制图章工具修补产品图像 4．能够使用修补工具修补产品图像 5．能够使用钢笔工具抠图 6．能够调整产品图像色彩
学习型工作任务	子任务一：选出 5 张主图 子任务二：分别修补 5 张主图 子任务三：排列 5 张主图的位置 子任务四：完善 PPT，并提交结果给指导教师
教师教学知识与能力要求	能够熟练掌握网店产品图像修补的方法和技巧，具有较强的网店产品图像后期处理能力、教学组织能力和实训管理能力
学生知识与能力准备	具备 Photoshop CC 2017 产品图像后期处理能力
教 学 材 料	准备作为教材的《网店美工实战》一书，以及学生任务书
使 用 工 具	Photoshop CC 2017、计算机

表 6-5　网店包包产品主图修补流程（学时：4 学时）

步　　骤	工 作 过 程	教学方法建议	学　　时
1．资讯	教师下发来自企业的任务书给学习小组；描述学习目标与要求，讲解用 Photoshop CC 2017 修补网店产品图像的流程和处理技巧 学生分组进行有关任务的收集与整理	讲授法 案例法 引导法	0.5
2．计划与决策	各小组进行任务分工、制订计划 教师审核各小组的工作计划，引导学生确定最终实施方案	讲授法 小组讨论法 自主探究法	0.5
3．实施	学生在教师的指导下按照任务要求进行操作	小组讨论法 引导法	2
4．检查	教师检查： 1．产品主图是否完美，能否吸引目标消费者 2．构图是否合理 3．裁切尺寸是否正确 4．色彩是否真实 5．产品主图排列是否有营销力		0.5

续表

步　骤	工 作 过 程	教学方法建议	学　时
5. 评估	学生汇报任务的计划和实施过程 ● 小组自评：小组成员对本小组开展本次任务的结果和过程给予评价 ● 小组互评：其他小组成员依据小组的汇报情况进行评价 ● 教师评价：教师根据每个小组的情况，指出每个小组的优点和缺点 ● 企业点评：企业专家根据市场的需求，以市场人才培养的视角进行点评，并提出改进的意见	多媒体演示法 小组讨论法	0.5

表 6-6　检查与评价表

序　号	指标 / 标准	小 组 自 评	学 生 互 评	指导教师评分	结　果
1	5 张主图效果如何，能否吸引目标消费者				
2	产品图像修补是否完美				
3	是否考虑到细节问题				
4	5 张主图尺寸是否正确				
5	5 张主图色彩是否真实				
6	是否考虑到质感问题				
7	5 张主图创新性如何				
8	5 张主图排列是否具有营销力				
9	提交的方案是否完整				
10	是否按时完成任务				
11	团队的协作能力如何				
评价者签名					

注：评价等级为 A——满意，B——一般，C——不满意。

引 导 问 题

【资讯——分析拍摄后的包包产品主图】

1．确定要修补哪些主图。

2. 找出要修补和美化的地方。

3. 图片色彩调整说明。

【制订计划——修补计划】

【实施计划】

工作流程及每个环节的关键点：

项目七

网店服装产品图片拍摄与后期处理

本项目的教学及操作主要包括“网店服装产品图片拍摄”“网店服装产品主图修补”“网店服装产品图片细节图设计”3项任务。学生通过完成这3项任务，学会网店服装类产品图片拍摄与后期处理技能。

任务一　网店服装产品图片拍摄

网店服装产品图片拍摄的教学准备、拍摄流程及检查与评价表分别如表 7-1 ～表 7-3 所示。

表 7-1　网店服装产品图片拍摄的教学准备

学 习 目 标	1．掌握数码相机的基本使用 2．掌握网店服装产品拍摄构图技巧 3．掌握网店服装产品拍摄布光技巧 4．能够拍摄清晰的、具有艺术性的网店服装产品图像
学习型工作任务	子任务一：搜集同类网店服装产品图像及拍摄方法 子任务二：服装产品图像拍摄计划 子任务三：创意及构图，打印同类产品的 5 张构图 子任务四：拍摄同一款服装 5 张不同角度图像
教师教学知识与能力要求	能够熟练掌握网店服装产品（人物）拍摄的方法和技巧，具有较强的网店产品拍摄能力、教学组织能力和实训管理能力
学生知识与能力准备	具备网店产品拍摄相关知识，具备搜集和分析产品主图的能力
教 学 材 料	准备作为教材的《网店美工实战》一书，以及学生任务书
使 用 工 具	背景纸、尼康 D700 数码相机、尼康 70 mm 镜头、主灯：香港雷特 400 W 闪光灯 2 盏、顶灯：香港雷特 600 W 闪光灯 1 盏、辅灯：爱玲珑 250 W 闪光灯 2 盏、反光板 3 块

表 7-2　网店服装产品图片拍摄流程（学时：7 学时）

步　骤	工 作 过 程	教学方法建议	学　时
1．资讯	教师下发来自企业的任务书给学习小组，描述学习目标与要求，讲解尼康 D700 数码相机的原理和运用 学生分组进行有关任务的收集与整理	讲授法 案例法 引导法	1
2．计划与决策	各小组进行任务分工、制订计划 教师审核各小组的工作计划，引导学生确定最终实施方案	讲授法 小组讨论法 自主探究法	2
3．实施	学生在教师的指导下按照任务的要求进行操作	小组讨论法 引导法	2
4．检查	教师检查： 1．曝光是否正常 2．布光是否合理 3．构图是否合理 4．拍摄角度是否齐全		1

续表

步　骤	工 作 过 程	教学方法建议	学　时
5．评估	学生以 PPT 的形式汇报任务的计划和·实施过程 ● 小组自评：小组成员对本小组开展本次任务的结果和过程给予评价 ● 小组互评：其他小组成员依据小组的汇报情况进行评价 ● 教师评价：教师根据每个小组的情况，指出每个小组的优点和缺点 ● 企业点评：企业专家根据市场的需求，以市场人才培养的视角进行点评，并提出改进的意见	多媒体演示法 小组讨论法	1

表 7-3　检查与评价表

序　号	指标 / 标准	小 组 自 评	学 生 互 评	指导教师评分	结　果
1	曝光是否正常				
2	布光是否合理				
3	图片的各部分光比是否合理				
4	构图是否合理				
5	拍摄角度是否合理				
6	是否考虑到质感问题				
7	是否考虑到细节问题				
8	提交的方案是否完整				
9	是否按时完成任务				
10	团队的协作能力如何				
评价者签名					

注：评价等级为 A——满意，B——一般，C——不满意。

引 导 问 题

【资讯——分析服装产品图片】

1．确定要拍摄何种类型服装产品，并描述该产品特色。

2．该服装产品所针对的目标消费者描述。

____

____

____

3．目标消费者的需求描述。

____

____

____

____

4．该服装产品图片视觉营销策略。

____

____

____

____

【制订计划——拍摄计划】

产品：______________________________

产品风格：______________________________

拍摄要求：______________________________

拍摄地点：______________________________

摄影师：______________________________

【实施计划】

工作流程及每个环节的关键点：

____

____

____

____

____

任务二　网店服装产品主图修补

网店服装产品主图修补的教学准备、修补流程及检查与评价表分别如表 7-4 ～表 7-6 所示。

表 7-4　网店服装产品主图修补的教学准备

学 习 目 标	1. 掌握主图的不同角度构成 2. 掌握 Photoshop CC 2017 的基本使用 3. 能够使用仿制图章工具修补产品图像 4. 能够使用修补工具修补产品图像 5. 能够使用钢笔工具抠图 6. 能够调整产品图像色彩
学习型工作任务	子任务一：收集同类服装主图修图方法 子任务二：选出 5 张主图 子任务三：分别修补 5 张主图 子任务四：排列 5 张主图的位置
教师教学知识与能力要求	能够熟练掌握网店产品图像修补的方法和技巧，具有较强的网店产品图像后期处理能力、教学组织能力和实训管理能力
学生知识与能力准备	具备 Photoshop CC 2017 产品图像后期处理能力
教 学 材 料	准备作为教材的《网店美工实战》一书，以及学生任务书
使 用 工 具	Photoshop CC 2017、计算机

表 7-5　网店服装产品主图修补流程（学时：7 学时）

步　　骤	工 作 过 程	教学方法建议	学　　时
1. 资讯	教师下发来自企业的任务书给学习小组，描述学习目标与要求，讲解 Photoshop CC 2017 修补网店产品图像的流程和处理技巧 学生分组进行有关任务的收集与整理	讲授法 案例法 引导法	1
2. 计划与决策	各小组进行任务分工、制订计划 教师审核各小组的工作计划，引导学生确定最终实施方案	讲授法 小组讨论法 自主探究法	2
3. 实施	学生在教师的指导下按照任务的要求进行操作	小组讨论法 引导法	2
4. 检查	教师检查： 1. 产品主图是否完美，能否吸引目标消费者 2. 构图是否合理 3. 色彩是否真实 4. 产品主图排列是否有营销力		1

续表

步　　骤	工 作 过 程	教学方法建议	学　　时
5．评估	学生汇报任务的计划和实施过程 ● 小组自评：小组成员对本小组开展本次任务的结果和过程给予评价 ● 小组互评：其他小组成员依据小组的汇报情况进行评价 ● 教师评价：教师根据每个小组的情况，指出每个小组的优点和缺点 ● 企业点评：企业专家根据市场的需求，以市场人才培养的视角进行点评，并提出改进的意见	多媒体演示法 小组讨论法	1

表 7-6　检查与评价表

序　　号	指标 / 标准	小 组 自 评	学 生 互 评	指导教师评分	结　　果
1	5 张主图效果如何，能否吸引目标消费者				
2	产品图像修补是否完美				
3	是否考虑到细节问题				
4	5 张主图尺寸是否正确				
5	5 张主图色彩是否真实				
6	是否考虑到质感问题				
7	5 张主图创新性如何				
8	5 张主图排列是否具有营销力				
9	提交的方案是否完整				
10	是否按时完成任务				
11	团队的协作能力如何				
评价者签名					

注：评价等级为 A——满意，B——一般，C——不满意。

引 导 问 题

【资讯——分析拍摄后的服装产品图片】

1．确定要修补哪些主图。

2．找出要修补和美化的地方。

____

____

____

3．图片色彩调整说明。

____

____

____

【制订计划——修补计划】

____

____

____

【实施计划】

工作流程及每个环节的关键点：

____

____

____

任务三　网店服装产品图片细节图设计

网店服装产品图片细节图设计的教学准备、设计流程及检查与评价表如表 7-7 ～表 7-9 所示。

表 7-7　网店服装产品图片细节图设计的教学准备

学 习 目 标	1．掌握网店服装产品图片细节图构图类型 2．掌握“对比 + 均衡”编排形式原理 3．掌握版面色彩对比
学习型工作任务	子任务一：细节图文案准备（标题、正文） 子任务二：选出 4 张细节图和一张主图 子任务三：设定尺寸，进行图文编排
教师教学知识与能力要求	能够熟练掌握网店细节图编排方法和技巧，具有较强的网店平面设计能力、教学组织能力和实训管理能力

续表

学生知识与能力准备	具备 Photoshop CC 2017 产品图像后期处理能力，网店版面编排能力
教学材料	准备作为教材的《网店美工实战》一书，以及学生任务书
使用工具	Photoshop CC 2017、计算机

表 7-8　网店服装产品图片细节图设计流程（学时：7 学时）

步　骤	工作过程	教学方法建议	学　时
1. 资讯	教师下发来自企业的任务书给学习小组，描述学习目标与要求，讲解网店服装产品图片细节图编排技巧 学生分组进行有关任务的收集与整理	讲授法 案例法 引导法	1
2. 计划与决策	各小组进行任务分工、制订计划 教师审核各小组的工作计划，引导学生确定最终实施方案	讲授法 小组讨论法 自主探究法	2
3. 实施	学生在教师的指导下按照任务的要求进行操作	小组讨论法 引导法	2
4.. 检查	教师检查： 1. 风格定位是否准确 2. 诉求信息是否明确 3. 版面图文编排是否新颖 4. 色彩能否塑造版面风格 5. 版面整体视觉冲击力如何		1
5. 评估	学生汇报任务的计划和实施过程 ● 小组自评：小组成员对本小组开展本次任务的结果和过程给予评价 ● 小组互评：其他小组成员依据小组的汇报情况进行评价 ● 教师评价：教师根据每个小组的情况，指出每个小组的优点和缺点 ● 企业点评：企业专家根据市场的需求，以市场人才培养的视角进行点评，并提出改进的意见	多媒体演示法 小组讨论法	1

表 7-9　检查与评价表

序　号	指标 / 标准	小组自评	学生互评	指导教师评分	结　果
1	风格定位是否准确				
2	诉求信息是否明确				
3	版面图文编排是否新颖				

续表

序　号	指标 / 标准	小组自评	学生互评	指导教师评分	结　果
4	细节图是否突出				
5	色彩能否塑造版面风格				
6	版面整体视觉冲击力如何				
7	提交的方案是否完整				
8	是否按时完成任务				
9	团队的协作能力如何				
评价者签名					

注：评价等级为 A——满意，B——一般，C——不满意。

引导问题

【资讯——细节图设计分析及要求】

1．消费者从细节图中想了解哪些信息。

____

____

____

2．细节图要诉求的主要信息。

____

____

____

3．细节图设计要求描述。

____

____

____

【制订计划——广告计划】

1．广告目标：

____

____

2．广告对象：

3．广告诉求信息：

4．广告设计风格：

5．广告创意策略：

6．版面构图：

7．图文编排形式：

8．版面构成形式：

9．色彩应用：

【实施计划】

工作流程及每个环节的关键点：

项目八

威丝曼天猫店“双十一”横幅海报设计

学生通过完成本项目任务，学会网店横幅海报设计技巧和方法。本项目的教学及操作，主要包括7项任务：

任务一　制订“双十一”广告计划

任务二　确定促销文案（标题、正文）

任务三　创意构思，画出创意草图

任务四　制作方案

任务五　方案修改

任务六　上传测试效果

任务七　汇报项目开展情况，提交设计原图、网店链接、PPT文件威丝曼天猫店“双十一”横幅海报设计的教学准备、设计流程及检查与评价表分别如表 8-1 ～表 8-3 所示。

表 8-1　威丝曼天猫店“双十一”横幅海报设计的教学准备

学习目标	1．提高网店横幅海报的设计创意能力 2．熟练运用“对比＋均衡”编排形式原理 3．熟练运用色彩对比
学习型工作任务	任务一　制订“双十一”广告计划 任务二　确定促销文案（标题、正文） 任务三　创意构思，画出创意草图 任务四　制作方案 任务五　方案修改 任务六　上传测试效果 任务七　汇报项目开展情况，提交设计原图、网店链接、PPT 文件
教师教学知识与能力要求	能够熟练掌握网店横幅海报的创意方法，具有较强的网店平面设计能力、教学组织能力和实训管理能力
学生知识与能力准备	具备 Photoshop CC 2017 产品图像后期处理能力，网店版面编排能力
教学材料	准备作为教材的《网店美工实战》一书，以及学生任务书
使用工具	Photoshop CC 2017、计算机

表 8-2　威丝曼天猫店“双十一”横幅海报设计流程（学时：9 学时）

步骤	工作过程	教学方法建议	学时
1．资讯	教师下发来自企业的任务书给学习小组。描述学习目标与要求，讲解网店横幅海报的创意方法和表现技巧 学生分组进行有关任务的收集与整理	讲授法 案例法 引导法	1
2．计划与决策	各小组进行任务分工，制订计划 教师审核各小组的工作计划，引导学生确定最终实施方案	讲授法 小组讨论法 自主探究法	2
3．实施	学生在教师的指导下按照任务的要求进行操作	小组讨论法 引导法	4
4．检查	教师检查： 1．广告风格定位是否准确 2．诉求信息是否有竞争力 3．版面图文编排是否新颖 4．色彩能否塑造版面风格 5．版面整体视觉冲击力如何		1

续表

步　　骤	工 作 过 程	教学方法建议	学　　时
5．评估	学生汇报任务的计划和实施过程 ● 小组自评：小组成员对本小组开展本次任务的结果和过程给予评价 ● 小组互评：其他小组成员依据小组的汇报情况进行评价 ● 教师评价：教师根据每个小组的情况，指出每个小组的优点和缺点 ● 企业点评：企业专家根据市场的需求，以市场人才培养的视角进行点评，并提出改进的意见	多媒体演示法 小组讨论法	1

表 8-3　检查与评价表

序　　号	指标 / 标准	小 组 自 评	学 生 互 评	指导教师评分	结　　果
1	广告风格定位是否准确				
2	诉求信息是否有竞争力				
3	广告创意是否新颖				
4	版面图文编排是否新颖				
5	细节图是否突出				
6	色彩能否塑造版面风格				
7	版面整体视觉冲击力如何				
8	提交的方案是否完整				
9	是否按时完成任务				
10	团队的协作能力如何				
评价者签名					

注：评价等级为 A——满意，B——一般，C——不满意。

引 导 问 题

【资讯——细节图设计分析及要求】

1．消费者从“双十一”横幅海报中了解到的信息。

____

____

2．威丝曼天猫店“双十一”横幅海报要诉求的主要信息。

3．威丝曼天猫店“双十一”横幅海报设计要求描述。

【制订计划——广告计划】

1．广告目标：

2．广告对象：

3．广告诉求信息：

4．广告设计风格：

5．广告创意策略：

6．版面构图：

7．图文编排形式：

8．版面构成形式：

____

____

9．色彩应用：

____

____

【实施计划】

工作流程及每个环节的关键点：

____

____

____

____

参考文献

[1] 严中华．职业教育课程开发与实施——基于工作过程系统化的职教课程开发与实施 [M]．北京：清华大学出版社，2009．

[2] eye4u 视觉设计工作室．WOW！ Photoshop 平面广告设计 [M]．北京：中国青年出版社，2011．

[3] [日] 玄光社编辑部．商品拍摄 [M]．北京：中国青年出版社，2011．

[4] 王日光．Photoshop 蜕变：突出色感的人像摄影后期处理攻略．2 版 [M]．北京：人民邮电出版社，2012．

[5] [日] 南云治嘉．版式设计基础教程 [M]．北京：中国青年出版社，2012．

[6] 淘宝大学．网店视觉营销 [M]．北京：电子工业出版社，2013．

[7] 淘宝大学．网店美工 [M]．北京：电子工业出版社，2011．